1 MONTH OF
FREE
READING

at
www.ForgottenBooks.com

By purchasing this book you are eligible for one month membership to ForgottenBooks.com, giving you unlimited access to our entire collection of over 1,000,000 titles via our web site and mobile apps.

To claim your free month visit:
www.forgottenbooks.com/free1193437

ISBN 978-0-331-48801-2
PIBN 11193437

MEMOIRES

POUR SERVIR

A L'HISTOIRE

DES

HOMMES

ILLUSTRES.

TOME XX.

Ciceron, Jean Pierre

MEMOIRES

POUR SERVIR

A L'HISTOIRE

DES

HOMMES

ILLUSTRES

DANS LA REPUBLIQUE DES LETTRES

AVEC

UN CATALOGUE RAISONNÉ

de leurs Ouvrages.

TOME XX.

A LA SCIENCE

A PARIS,

Chez BRIASSON, Libraire, ruë S. Jacques,
à la Science.

MEMOIRES
POUR SERVIR
A L'HISTOIRE
DES
HOMMES
ILLUSTRES

DANS LA RE'PUBLIQUE
des Lettres.

❧❧❧❧❧❧❧❧❧

CHANGEMENS , CORRECTIONS
& Additions.

Pour le Tome onziéme.

ANNIUS DE VITERBE.

P. 1. I L naquit vers l'an **A. DE** 1 4 3 2. & c'eſt ainſi **VITERBE.** qu'on l'a mis dans les dernieres éditions de *Morery.*

P. 4. J'ai une fort jolie édition des
Tome XX.   **A**

A. DE ITERBE. Hiſtoriens anciens de ce Moine, imprimée *in-16.* à *Lyon* chez *Jean Temporal* en 1554. Le titre du premier Volume eſt: *Beroſi Chaldæi Sacerdotis, reliquorumque conſimilis argumenti Autorum de Antiquitate Italiæ ac totius orbis , cum F. Joannis Annii Viterb. Theologi commentatione & auxeſi ac verborum rerumque mirabilium indice pleniſſimo.* Ce premier volume contient les pieces ſuivantes.

1°. *Archiloſhi de Temporibus Epitome. lib.* I.

2°. *Xenophontis de Æquivocis lib.* I.

3°. *Beroſi Babil. de Antiquitatibus Italiæ ac totius orbis lib.* v.

4°. *Manethonis Ægyptii ſupplementa ad Beroſum lib.* I.

5°. *Metaſthenis Perſæ de judicio temporum & annalibus Perſarum lib.* I. (Il n'y a jamais eu d'Auteur de ce nom , *Annius* auroit du dire *Megaſthenes.*)

6°. *Philonis Hebræi de temporibus lib.* II.

7°. *Joannis Annii de primis temporibus & quatuor ac viginti Regibus Hiſpaniæ & ejus antiquitate lib.* I.

8°. *Ejuſdem de antiquitate & rebus*

Les Commentaires d'*Annius* font VITERBE,
à la fuite de chaque chapitre de ces
pretendus anciens Auteurs.

Le fecond Volume à pour titre:
Berofi & aliorum ejus argumenti Auto-
rum de Chronologica prifca memoriæ
Hiftoria Tomus alter, cujus fcriptores
& confequentem eorum ordinem verfa
pagina indicabit. Ce Volume renfermé.

1°. *Commentaria fuper Q. Fabium*
Pictorem de aureo fæculo & origine urbis
Romæ.

2°. *Commentaria in Myrfilum Lef-*
bium de origine Italiæ & Turrheniæ.

3°. *Commentaria fuper duodeviginti*
fragmenta M. Catonis de Originibus.

4°. *Comm. fuper Itinerarium Anto-*
nini Pii Cæfaris Augufti.

5°. *Comm. fuper C. Sempronium de*
Chorographia, five defcriptione Italiæ
& ejus Origine.

6°. *De Ethrufca fimul & Italica*
Chronographia.

7°. *Quæftiones quadraginta de Thu-*
fcia.

8°. *Commentaria in Vertumnianam*
Propertii.

Ces titres font un peu plus fuivis
A ij

A. DE
VITERBE.
& plus nets, que ceux que vous avez donnés. Cette édition merite une note. Les Caracteres de l'Imprimeur font très-beaux. (M. l'Abbé *Papillon*.)

P. 11. *Sanfovino* n'eft pas le traducteur des Auteurs fuppofés par *Annius*, comme je l'ai dit aprés les Bibliothecaires des Dominicains. Cette traduction eft de *Pierre Lauro*, & *Sanfovino* n'a fait que la revoir, & y faire quelques additions. *L'Antichita di Berofo Caldeo, Mirfilio Lesbio, Archiloco, Manetone, Megaftene, Q. Fabio Pittore, è Caio Sempronio, tradotte da Pietro Lauro. In Venetia* 1550. *in*-4°. It. *Da Francefco Sanfovini accrefciute, dichiarate & con diverfe annotationi illuftrate. In Venetia* 1583. *in* 4°. Ce font deux éditions citées par Haym dans fa *Notizia de' Libri rari*.

P. 10. Ce que j'ai dit des Ouvrages compofés pour ou contre *Annius de Viterbe*, demande quelque éclaircissement.

Thomas Mazza n'eut pas plutôt compofé une Apologie en faveur de fon Confrere; que *Sparavieri* fit fur elle quelques obſervations pour ſon uſage particulier, & ſans aucun deſſein de les rendre publiques. Il les montra cependant à quelques-uns de ſes amis, & *Macedo* en eut communication, ſous promeſſe de n'en faire aucun uſage. Cette promeſſe ne l'empecha pas neanmoins de les faire imprimer quelque temps aprés à *Verone* avec une reponſe, ſous cè titre : *Reſponſio ad Notas nobilis Critici Anonymi in Apologiam R. P. T. Thomæ Mazza. Verona. 1674. in 4°.* Il ne nomme pas *Sparavieri*, pour faire croire que les obſervations qu'il publioit venoient d'un autre. Pour la même raiſon il y changea béaucoup du choſes dans ce qu'il renoit de lui; mais ces changemens n'empêcherent pas *Sparavieri* de reconnoître ſon infidelité; & il ſe vit par-là engagé à publier lui-même ſon ouvrage, avec une refutation de la reponſe de *Macedo.* Elle parut ſous ce titre : *Franciſci Sparavierii Caſtigationes ad Apologiam Thomæ Mazza pro Joanne Annio Viterbienſe vindicata & aſſerta etiam adverſus reſponſiones ad eas Franciſci à S. Auguſtino Ma-*

A. DE *cedi.* 1676. *in-*4°. Le lieu n'eſt point
VITERBE. marqué, mais l'impreſſion paroit être
d'Allemagne. Ce fut à cet ouvrage
que *Mazza* oppoſa ſa *Paræneſis*, imprimée en 1677. (*Amœnitates Litte-*
raria t. 9. *p.* 764.)

Ajoutez aux ouvrages faits contre
Annius de Viterbe, le ſuivant.

Caſparis Varrerii Cenſura in quem-
dam Autorem, qui ſub falſa inſcrip-
tione Beroſi Chaldæi circumfertur. Ro-
mæ. 1565. *in-*40.

JEAN CAIUS.

J. CAIUS. *P.* 15. LA Reine *Elizabeth* étant
à *Cambrige* en 1564. fut
haranguée par l'Orateur de l'Univerſité, qui entre autres choſes lui dit
que cette Univerſité étoit plus ancienne que celle d'*Oxford.* Cette
harangue fit beaucoup de bruit à
Oxford, & *Thomas Caius* Preſident
du College de l'Univerſité de cette
ville, y oppoſa un Ecrit intitulé:
Aſſertio Antiquitatis Oxonienſis Aca-
demiæ; mais ſans y mettre ſon nom.
Jean Caius ſe propoſa de refuter cet

écrit par celui qui est indiqué au N°. 9. sous le nom de *Londinensis Autor. Thomas Caius* ayant vu cette reponse, y fit une replique sous ce titre : *Animadversiones aliquot in Londinensis de Antiquitate Cantabrigiensis Academiæ libros duos* ; mais il n'eut pas le temps de la publier, étant mort en 1572. Après avoir passé par plusieurs mains, elle a été enfin remise à *Thomas Hearne*, qui l'a fait imprimer à *Oxford* en 1731. *in-8°.* avec quelques autres pieces.

Samuel Jebb a donné une nouvelle édition de quelques ouvrages de *Caius*, qui étoient devenus extremement rares. Ce sont ceux que j'ai indiqués aux N°. 7. & 8. Cette édition a paru à *Londres* en 1728. *in-8°.*

HENRI DE SPONDE.

P. 17. IL est certain que c'est au Cardinal *du Perron* que l'Eglise doit la conversion de *Henri de Sponde*, avant même que ce Cardinal fût dans les Ordres sacrés. *De Sponde* & *Jean de Salettes*, tous deux

H. DE Bearnois, s'attacherent à M. *du Per-* SPONDE. *ron* dans son premier voyage de *Rome*, où ils lui rendirent de grands services, pour le grand ouvrage de la réunion de *Henri IV.* à l'Eglise Catholique. Ce Prince ayant nommé *du Perron* à l'Evêché d'*Evreux* en 1595. les deux premiers Canonicats dont le nouveau Prelat fut maître dans sa Cathedrale, furent donnés à ces deux Savans avant l'année 1600. *Salettes* fut nommé Evêque de *Lescar* en 1609. & mourut en 1632. & *Sponde*, comme on l'a vû, fut Evêque de *Pamiers* en 1726. & mourut en 1643. *Evreux* ne fut, pour ainsi dire, qu'un Cabinet d'étude pour ce dernier; comme *Condé*, maison de Campagne des Evêques d'*Evreux*, le fut pour le Cardinal son Protecteur, jusqu'a ce qu'il fût nommé à l'Archevêché de *Sens*. (*Mercure du mois d'Octobre* 1730.)

JEAN CHEKE.

P. 31. L'Auteur de l'*Histoire du So-* J.CHEKE: cinianisme a traité *Cheke* de *Libertin de Profession;* Mais M. de la Roche dans ses *Memoires Litteraires de la Grande Bretagne* tom. 15. p. 277. a fait voir que l'Auteur lui a donné cette qualité sans aucun fondement & même contre la verité.

N°. 1. D. Joannis Chrysostomi Homiliæ duæ, nunc primum in lucem edita, Græce & Latine, Interprete Joanne Cheko, Cantabrigiensi. Londini 1543. *in*-4°.

PIERRE PETIT.

P. 67. IL m'est tombé entre les P. PETIT: mains deux Brochures, dont il est necessaire de faire ici mention.

La premiere a pour titre : *Ad Petrum Petitum Pseudo-Medico-Philosophum brevis Allocutio. in*-4°. sans date ni nom de lieu pp. 11. Cet écrit, qui est fort emporté, tend à defen-

P. PETIT. dre Mr. *de la Chambre* contre ce que
Petit en avoit dit dans son livre *de
Extensione Anima*, où il avoit attaqué *le Systeme de l'Ame* de cet Auteur. Il n'y a rien que de fort general. On y traite *Petit* avec le dernier
mépris.

La seconde est intitulée : *Spongia
spurcissimi & Anonymi cujusdam libelli qui sic inscribitur :* Libelli famosi
in. P. Petitum D. M. P. editi confu-
tatio. *in-*4°. sans date ni nom de
lieu, pp. 16. On y paroît douter,
si la Refutation de l'Ecrit precedent,
laquelle m'est inconnue, est de *Petit*,
ou d'un de ses amis , & on y revient
à la charge contre lui avec la même
violence que dans la premiere Brochure; on y lit cette particularité,
que je rapporterai dans les propres
termes de l'Auteur.

*Oportet gnaviter te impudentem esse,
qui me calumniatorem vocas , quod
scripserim te ab erudito nostro Collega
Magistro N. Baralis , Doctore Medi-
co. Parisiensi, cui tum Examinatoris
provincia à Facultate fuerat deman-
data , de ea Medicina scientia parte ,
quam Physiologiam vocant , interroga-*

tum, indocte, barbare, misere & per- P. PETITI
turbate respondisse & ab incœpto examine tandem destitisse. .... Quòd vidi-
mus narrabo.   Anno 1660. circa
mediam quadragesimam, appetente
biennio, quo solent Candidati ad Bac-
calaureatum simul promoveri, Petitus
se cum aliis pluribus pro more stitit in
superioribus Scholis coram quatuor Doc-
toribus Examinatoribus cum Decano,
durum & severum quatridui Examen
subiturus. Primo die Candidati de rebus
naturalibus interrogati respondent; secundo de rebus non-naturalibus; tertio
de rebus contra naturam; quarto deni-
que datum Hippocratis Aphorismum
exponunt. Quo feliciter peracto commu-
nibus Doctorum suffragiis Baccalaurei
renuntiantur. Petitus ergo, quem magna
fama præcesserat, inventus est vir sui
nominis. Interrogatus enim super his
quæ ad primam & secundam coctionem
pertinent, obmutuit. Non defuere,
qui silentium illud terrori, quem vene-
rabilis illa Schola illius animo injece-
rat, acceptum referrent, ac melius de
eo sperarent secundo Examine, ubi
factus esset sui compos; sed secus res se
babuit. Nam postridie Doctori de rebus

P. PETIT. *non-naturalibus , ut mos est , eum peri-*
contanti tam male satisfecit, ut propriæ
imbecillitatis conscientia deterritus ,
reliqua duo Examina sustinere non au-
sus fuerit: si tamen Facultas Baccaldu-
reatus gradum illi concessit , sciat Fa-
cultatis bonitati hunc se debere, & suis
lacrymis.

Quand ce fait seroit veritable , il
ne prejudicieroit point au merite
de *Petit* , puis qu'il ne seroit pas le
seul homme de science & d'érudition , à qui une confusion sembla-
ble seroit arrivée.

P. 70. Le veritable titre du livre
marqué au *N°.* 9. est le suivant.
Marini Stabilei Traguriensis J. C. Re-
sponsio ad Jo. Christoph. Wagenselii ,
& Hadriani Valesii Dissertationes de
Traguriensi Petronii fragmento.

P. 72. *N°.* 14. *Thea, sive de Sinensi*
herba Thet Carmen, ad Petrum Danie-
lem Huetium , cui adjecta Joannis-Ni-
colai Pechlini de eadem herba Epigra-
phæ & Descriptiones aliæ. Lypsiæ 1685.
*in-*4°.

Ajoutez à ses Ouvrages.

In Frontonis Obitum Elegia. Insérée à la p. 109. de *Joannis Frontonis*

Memoria &c. Paris 1663. *in-4°.*

Explicatio Gelliani Problematis, sive de Continentia Alexandri Magni & Scipionis & Aricani Dialogus. Paris 1668. *in-12.*

MATTHIEU PALMIERI.

P. 82. L'Edition de sa Chronique M. PAL-faite à *Paris* en 1518. n'est MIERI. pas *in-8°.* mais *in-4°.* Je l'ai en cette forme. (M. l'Abbé *Goujet.*)

La Chronique de *Matthieu Palmieri* est imprimée à la suite d'*Eusebe de Cesarée*, à *Basle* chez *Henric-Petri* en 1559. *in fol.* Elle commence où finit la Chronique de *S. Prosper* en 449. & va jusqu'en 1449. Elle est suivie de *Matthias Palmieri* depuis 1450. jusqu'en 1481. Aprés laquelle on trouve : *Eruditi cujusdam temporum continuatio cum additione.* Depuis 1482. jusqu'en 1512. *Nova temporum continuatio Germani cujusdam.* Elle commence en 1526. & finit en 1559. *Marc Hopperus*, qui a donné cette édition, peut-être l'Auteur de cette derniere continuation. (M. l'Abbé *Papillon.*)

M. PAL-
MIERI.

L'Addition de cette édition de *Bâfle*, depuis l'an 1482. jusqu'en 1512. se trouve aussi dans l'édition faite à *Paris* en 1518. *in-4°*. (M. *Goujet*.) Elle est de *Jean Multivall de Tournay*; Car *Maittaire* nous cite dans les *Annales Typographici* l'Edition suivante: *Eusebii Cæsariensis Episcopi Chronicon, Hieronymo Presbytero Interprete, cum Prosperi, Matthæi Palmerii Florentini, & Joannis Multivallis Tornacensis additionibus. Parif. Henr. Steph.* 1512. *in-4°*.

MATTHIAS PALMIERI.

M. PAL-
MIERI.

P. 90. LA Version d'*Aristée* par *Palmieri* a paru avec un Commentaire de *Jaques Middendorpius* à *Cologne* en 1578. *in-8°*. Avec les Commentaires d'*Olympiodore* & de *S. Gregoire de Neocesarée* sur l'Ecclesiaste, à *Bâfle* en 1536. *in-8°*. dans les Bibliotheques des Peres, & dans un Recueil donné par *Henri Etienne* sous ce titre: *Contenta in hoc Opusculo: Vetus editio Ecclesiastæ: Olympiodorus in Ecclesiasten inserta nova*

tralatione, interprete Zenobio Accia-
jolo Florentino ; Aristeas de 72 legis
Hebraicæ interpretatione , interprete
Matthia Palmerio Vicentino. Paris.
1511. *in-4°.* Cette qualité de Vicen-
tin donnée dans cette édition à *Pal-*
mieri a trompé non feulement *Jean*
Albert Fabricius , mais encore M. de
la Monnoye, qui dans fes notes fur
les Jugemens des Savans de *Baillet*
tom. 3. p. 16. diftingue le *Palmieri*
traducteur d'*Aristée ,* du Continua-
teur de la Chronique de *Mathieu*
Palmieri , fous pretexte que l'un étoit
de *Vicence* & l'autre de *Pife.* Mais
outre qu'aucun Auteur ne parle d'un
Matthias Palmieri natif de *Vicence ,*
il eft feur que le traducteur d'*Ari-*
stée étoit de *Pife.* Si Mr. de *la Mon-*
noye avoit vu la premiere édition de
la verfion d'*Aristée ,* il n'auroit formé
aucun doute là-deffus. Car dans cette
édition, qui eft de l'an 1471, comme je l'ai dit , après l'Epitre dedicatoire adreffée au Pape *Paul II.* on
lit ces mots. *Aristeas ad Philocratem*
fratrem per Matthiam Palmerium Pi-
fanum è Græco in Latinum converfus.

FRANÇOIS DE BELLEFOREST.

**F. DE
BELLEFO-
REST.**

*P. 96.
N°. 12.* **B**ELLEFOREST a gasté les Histoires de *Bandel* en les traduisant, par les additions & les changemens qu'il y a faits. C'est pour cela que ces Histoires, qui dans l'Original Italien sont jolies & agreables , n'ont dans la traduction Françoise rien que d'ennuyeux & de degoûtant.

P. 100. *N°.* 26. Les Lettres de *Ruscelli* sont en trois volumes dans l'Italien , & ont été imprimées plusieurs fois ; la meilleure édition est de 1581. *Marc Bruni* en a donné à Venise *un-*4e. tome , qui est très rare. *Belleforest* n'a traduit que le premier volume , & il a eu raison ; car le 2e. & le 3e. ne contiennent presque autre chose que des Morceaux de Gazette peu interessans.

P. 103. *N°.* 37. *Pierre Boaistuau* avoit donné en 1566. un volume d'*Histoires Prodigieuses* &c. imprimée à *Paris* chez *Norment* in-8°. *fig.*

P. 107. *N°.* 51. *Les Epitres fami-*

lieres de Ciceron traduites en François F. DE
par Etienne Dolet & François de Bel- BELLEFO-
leforest. Lyon 1569. in-12. Comme REST.
Dolet n'a traduit que les Epitres qui
font de *Ciceron, Belleforest* y a joint
une traduction des autres.

Son Article eft tiré de la *Bibliotheque Hiftorique de la France du P.
le Long.*

FRANÇOIS HOTMAN.

P. 126. *Atarel & Papyre Maf-* F. HOT-
fon ne font pas les MAN.
feuls qui ayent écrit contre la *Franco-
Gallia;* On a encore une autre re-
ponfe à ce livre, qui à pour titre:
*Patri Turrelli, Campani, & in fupremo
Galliarum Senatu Advocati contra
Othomanni Franco - Galliam libellus.
Paris. De Roigny. 1576. in-8°.* (M.
l'Abbé *Papillon.*)

 P. 132. Vous dites que le *Strigilis*
eft dans la *Franco-Gallia* de l'Edition de 1576. J'ai cette Edition, où
ce *Strigilis* n'eft point, & on ne l'a
jamais imprimée avec la *Franco-
Gallia.* (*H.*)
 Tome XX.   B

PIERRE LE BRUN.

P. 139.
N°. 1. EN 1689. le Cardinal *le Camus*, Evêque de *Grenoble* consulta le *P. le Brun*, qui étoit alors en cette ville, sur l'usage pratiqué en Dauphiné de trouver de l'eau, des Metaux, de Mineraux, les bornes des Champs, les larcins, les voleurs &c. en tenant entre les mains une baguette fourchue, qui tournoit sur toutes ces choses. Le *P. le Brun* aprés avoir examiné ces faits avec soin, écrivit au *P. Malebranche*, & le pria de lui dire son sentiment. Celui-ci supposant la verité des faits, declara que ces piatiques étoient ou l'ouvrage de la fourberie des pretendus Devins, ou de la Malice du Demon. Systême dont le *P. le Brun* fut satisfait, & qu'il suivit depuis, lors que l'Avanture de *Jacques Aymar*, qui en 1692. decouvrit par le tournoyement de sa baguette des voleurs & des meurtriers, vint exercer la sagacité des Physiciens ; car pendant que MM. *Regis*, *Garnier*,

Chauvin, Panthot, & *Vallemont* pre-
tendoient qu'il n'y avoit rien que de BRUN.
naturel en tout cela, & qu'on ne
pût expliquer à la faveur des cor-
puscules, le *P. le Brun* s'attachant au
sentiment du *P. Malebranche*, sou-
tint dans ses *Lettres qui decouvrent*
l'illusion des Philosophes sur la Ba-
guette, que le tournoiement de la
baguette n'est point produit par les
loix de la communication du mou-
vement, & qu'il est l'effet de la fourberie des hommes, ou de la malice
du Demon. Alternative, dans laquelle il paroît porté à croire qu'il
faut l'attribuer au Demon.

M. *Commiers*, surnommé *l'Aveu-*
gle d'Ambrun, dont on avoit imprimé dans le Mercure de Mars
1693. une lettre pour justifier l'usage de la Baguette, se croyant attaqué dans les *Lettres du P. le Brun*,
qui parurent peu de temps après,
fit inserer dans le Mercure de May
de la même année, une autre lettre
très-vive contre le *P. le Brun*, qui
publia dans le Mercure suivant une
réponse egalement solide & polie.
Elle a été re imprimée avec les *Let-*

P. LEtres *qui decouvrent l'Illusion* &c. dans
BRUN. le 3ᵉ. vol. de l'*Histoire Critique des
Pratiques superstitieuses* de l'edition de
1732. Pour calmer la colere de M.
Comiers, le *P. le Brun* fit ajouter à
la fin du même Mercure une espece
de desaveu de quelques termes dont
ce Critique & M. l'Abbé de *Vallemont* avoient pu être blessés. Mais
cet excès de politesse n'appaisa point
M. *Comiers*; & l'on vit paroître dans
le Mercure de Mois d'Août 1693.
une replique, où les injures tien-
nent lieu de raisonnement.

Un Auteur anonyme s'est avisé
depuis de faire imprimer une lettre
contre les Ouvrages du *P. le Brun*
dans le Mercure d'Octobre 1731. &
de le decrier comme un pitoyable
Physicien. Cet écr revolté un ami
du *P. le Brun*, qui sous le nom d'un
Conseiller au Parlement de *Grenoble*
a poussé vivement ce critique, & l'a
convaincu de n'avoir jamais lu les
livres dont il parle. On peut voir
cette reponse dans le tome 3ᵉ. du
Nouvelliste du Parnasse p. 121.

P. 140. Nᵒ. 2. Le succés de son
Discours sur la Comedie l'engagea à

ramaſſer dans le cours de ſes études   P. `LE`
de quoi l'augmenter & le rendre`BRUN.`
plus parfait, & il a paru avec ces
augmentations par les ſoins de M.
l'Abbé *Granet* ſous ce titre : *Diſcours*
ſur la Comedie, ou Traité Hiſtorique &
Dogmatique des Jeux de Theatre, &
des autres divertiſſemens comiques ſouf-
ferts ou condamnés depuis le premier
ſiecle de l'Egliſe, juſqu'à preſent ; avec
un Diſcours ſur les pieces de Theatre
tirées de l'Ecriture Sainte. 2e. *Edition,*
augmentée de plus de la moitié. · *Paris*
1731. *in-*12. Il n'avoit point encore
paru en notre langue aucun traité
où l'on trouve tant de choſes cu-
rieuſes en ce genre.

Ib. No. 3°. *Eſſai de la Concor-*
dance des temps, avec des Tables pour
la Concordance des Eres & des Epo-
ques, dans lequel on peut voir d'un
coup d'œil par le moyen des Colomnes,
l'accord ou la différence des Epoques.
Paris 1700. *in-*4°. Cet Eſſai fut fort
applaudi : mais la foibleſſe de la vue
du *P. le Brun* ne lui permit pas
d'achever l'ouvrage, qu'il y avoit
projetté.

Ib. No. 4. M. l'Abbé *Granet* a

P. LE publié une *seconde Edition augmentée.*
BRUN. de l'*Histoire Critique des Pratiques superstitieuses* &c. à *Paris* 1732. *in-12. 3 vol.* Le *P. le Brun* aprés avoir discuté en Philosophe dans quelques lettres, les differens systêmes sur la Baguette, a donné dans son *Histoire Critique* &c. tout ce qu'il y a d'historique sur cette matiere; & pour remplir le titre de son livre, il s'est étendu sur de celebres superstitions qui ont embarassé les Savans. Ainsi c'est une erreur de croire que cet Ouvrage est une seconde Edition des *Lettres qui decouvrent l'Illusion des Philosophes sur la Baguette.* Pour peu qu'on veuille les comparer, on verra qu'ils sont differens. D'ailleurs le *P. le Brun* renvoye à ces *Lettres,* dans l'*Histoire critique des Pratiques superstitieuses.* L'Edition que M. l'Abbé *Granet* nous a donnée renferme plusieurs additions considerables, dans l'Ouvrage du *P. le Brun,* & outre cela plusieurs pieces de differens Auteurs touchant la Baguette, qui composent le 3ᵉ. volume.

P. 142. Nᵒ. 6. La lettre a paru sous ce titre. *Lettre du P. le Brun, Prêtre*

de l'Oratoire, touchant la part qu'ont
les Fideles à la celebration de la Messe.
Il y enseigne que » la Consecration
» exceptée, & l'union du corps my-
» stique bien entendue, les fideles
» prient, offrent, & sacrifient con-
» jointement avec le Prêtre, par-
» ce qu'ils concourent tous en leur
» maniere au sacrifice.

P. 146. Ce que j'ai dit, que la
lettre marquée au *Nº*. 10. n'a pas
été rendue publique, demande quelque explication. Le *P. le Brun*, avant
que de la repandre dans le public,
en porta un exemplaire à M. *Tour-
nely*, qui ayant remarqué qu'elle
étoit remplie de traits vifs, l'engagea à la supprimer. L'Auteur natu-
rellement ami de la paix, y consentit sans peine; mais afin que le soup-
çon d'heresie, dont on l'avoit chargé,
fût dissipé, on convint aprés une
negociation de quelques jours, qu'on
infereroit un extrait de cette lettre
dans les *Memoires de Trevoux*. Il
parut en effet aprés un long delay
dans le mois de Juillet 1728. p. 1306.
sous ce titre: *Lettre à M. de Tor-
pane Chancelier de Dombes*; & afin

P. LE BRUN. de terminer cette querelle, dont les suites ne pouvoient être utiles à l'Eglise, il y eut defense d'écrire sur ces matieres. Mais cette espece de treve ne dura pas long-temps, & l'on vit paroître à la fin de l'année 1728. une Reponse à cette Lettre, sous le titre d'*Apologie des Anciens Docteurs* &c. Dès que le *P. le Brun* vit qu'on ne gardoit point de mesure avec lui, il distribua la lettre qu'il avoit sacrifiée au bien de la paix, & se prepara à refuter l'Apologie. Mais sa mort arrivée au commencement de l'année suivante, l'en empêcha & termina cette dispute, au moins de sa part; car le *P. Bougeant* publia depuis un *Traité Theologique sur la forme de la Consecration de l'Eucharistie. Lyon* 1729. *in-12. 2 vol.*

Ajoutez aux ouvrages du P. le Brun.

Deux Lettres touchant les Jumeaux Monstrueux nés à Vitry le Mois de Septembre 1706. Insérées dans le Supplement du *Journal des Savans* pour le Mois de Janvier 1707

Ces additions à l'article du *P. le Brun* sont tirées de son Eloge que M. l'Abbé *Granet* a mis à la tête de son

son édition de l'*Histoire Critique des* P. LE

Pratiques superstitieuses. J'ajouterai ici BRUN.

le caractere qu'il nous donne de la

personne & du stile du *P. le Brun.*

 » Le *P. le Brun* étoit un savant

» sage, vertueux, modeste, & très-

» versé dans l'Antiquité Ecclesiasti-

» que. Aprés avoir pris une teinture

» de la Scholastique, il s'appliqua à

» recueillir les faits Theologiques,

» qui prouvent beaucoup mieux le

» dogme que des raisonnemens pu-

» rement speculatifs, & sit pour cela

» sa principale étude des Ouvrages

» des Peres, & des anciens Auteurs

» Ecclesiastiques. Il étoit fort poli,

» incapable de ces procedés malhon-

» nêtes, qui ne deshonorent que

» ceux qui les employent. Il a tou-

» jours paru sensible aux traits amers

» de la critique; mais cette sensibi-

» lité avoit sa source dans sa poli-

» tesse même; il ne vouloit pas être

» forcé à s'ecarter de sa moderation

» naturelle. Il étoit d'un commerce

» doux & aimable, cherchant l'oc-

» casion d'obliger ses amis, & par-

» lant toujours d'eux avec bonté.

 »Son stile est assés varié, cou-

» lant, & en general convenable aux
» matieres qu'il a traitées : mais il
» eſt quelquefois trop diffus, &
» dans certains petits Ouvrages de
» critique, il paroît avoir preferé
» la ſolidité à l'enjouement.

PIERRE VARIGNON.

P. VA-
RIGNON.

P. 176. A Joutez à ſes Ouvrages,
Elemens de Mathemati-
que de M. Varignon. Paris 1731. *in-*
4°. Ces Elemens ne ſont autre choſe
que la traduction des Cahiers Latins, que M. *Varignon* dictoit à ſes
Ecoliers au College Mazarin; &
cette traduction eſt de M. *Cochet,*
Profeſſeur de Philoſophie dans le
même College.

Demonſtration de la poſſibilité de la
preſence réelle du corps de Jeſus-Chriſt
dans l'Euchariſtie. Inſerée à la page
8ᵉ. d'un Recueil intitulé *Pieces fu-*
gitives ſur l'Euchariſtie. Geneve 1730,
in 8°. M. *Varignon* y a ſuivi la Methode des Geometres. Voici ſon Syſteme,

1°. La plus petite partie de matiere, qu'on puiſſe concevoir, eſt

fufceptible de tous les arrangemens P. 11
poffibles, & peut avoir par confe-Brun.
quent tous les organes du Corps
humain.

2°. La grandeur de quatre, cinq,
ou fix pieds n'eft nullement effentiel-
le à la nature d'un tel corps, puis-
qu'un enfant dont le corps n'a qu'un
pied, ne laiffe par d'être homme:
de là defcendant jufqu'aux *infini-
ment*, ou *indéfiniment petits*, une partie indéfiniment petite, ne laiffera
pas d'être un corps humain.

3°. *L'identité* du corps ne dépend
point de *l'identité* de matiere, puisque par la continuelle expulfion des
parties, qui compofent un corps
humain, & par la fubrogation d'autres parties, qui chaffent celles-là,
il arrive, que la fubftance de ce corps
change tellement, qu'au bout de
quelques années il ne refte plus aucune des parties dont il étoit compofé au temps de fa naiffance. Cependant c'eft toujours le même corps,
parce que c'eft toujours la même
ame, qui *l'informe*, & qui l'anime.
Ainfi *l'identité* du corps dépend uni-
quement de *l'identité* de l'ame,

4°. L'union de l'ame avec le corps confifte dans la correfpondance mutuelle des mouvemens du corps, & des penfées de l'ame. Il n'eft point impoffible qu'une feule ame foit unie de la forte à plufieurs corps ; c'eft à dire que plufieurs corps ayent divers mouvemens à l'occafion des penfées de la même ame ; & que cette ame ait diverfes penfées à l'occafion des mouvemens de plufieurs corps.

5°. Comme l'ame, qui ne change point, eft proprement ce qui fait *le moi*, foit qu'elle s'uniffe à un feul corps ou à plufieurs, il n'y a toujours qu'un feul homme, parce qu'il n'y a qu'un feul *moi*. D'où il s'enfuit qu'un même homme peut être en plufieurs lieux à la fois, fans contradiction, parce que c'eft une feule ame, qui informe des corps feparés les uns des autres.

6°. Toutes ces particules indéfiniment petites, qui fe trouvent dans une Hoftie, & que la Puiffance Divine y organife en un inftant, enforte qu'elles font de vrais corps humains, ne paroiffent cependant que

ce qu'elles paroiſſoient avant leur   P. le
Tranſubſtantiation, parce qu'elles Brun.
gardent entre elles le même ordre,
qu'elles avoient, lorſqu'elles n'é-
toient que du pain. Elles continuent
d'affecter nos ſens de la même maniere.

7°. Quoiqu'on rompe cette Hoſtie,
ces petits corps humains ne ſouffrent
pourtant aucune laceration ; leur pe-
titeſſe les met à l'abri de cette ſorte
d'injure : il n'y a nul inſtrument,
qui puiſſe les frapper, les percer, les
dechirer.

PROSPER ALPINI.

P. 183.   **D**E *praſagienda vita &*   P. Al-
N°. 4.   *morte &c.* l'Edition de   pini.
Veniſe eſt remplie de fautes. Celle
de *Francfort* 1601. n'eſt pas *in-4°.*
mais *in-8°.* (M. l'Abbé *Papillon.*)

JEROSME OSORIO.

J. Oso- **P. 207.** IL y a une édition fort jolie
RIO. **N°. 4.** & fort nette de son Histoire, faite à *Paris* en 1581. *in*-8°. chez
P. Chevillot. C'est la premiere qui
ait paru en France. (M. l'Abbé *Papillon.*)

LOUIS BULTEAU.

L. Bul- **P. 215.** Joutez à ses Ouvrages.
TEAU. *Défense des Droits de
l'Abbaye Royale de S. Germain des
Prés, dependante immediatement du S.
Siege Apostolique, par D. Robert Qua-
tremaires, Moine Benedictin de la Congregation de S. Maur. Paris* 1668. *in*-
12. Quoique le titre de cet ouvrage
porte à croire, qu'il a été réellement
écrit en François par le *P. Quatre-
maires*; ce n'est cependant qu'une
traduction de l'Ecrit Latin de ce Benedictin, faite par *Louis Bulteau.*

N°. 2. Il y a une édition de sa

Défenſe des ſentimens de Laĉtance &c.
faite à Paris en 1677. in-32.

JEAN DESLYONS.

P. 327. L'Evêque de Senlis, qui J. Dés-
censura ſon ſermon, eſt LYONS.
M. *Nicolas Sanguin.*

Ajoutez à ſes Ouvragẽs.

Réponſe de M. Deſlyons Doyen de
Senlis & de Sorbonne, à un de ſes amis,
datée du 1.ʳ. Août 1697. Elle ſe trouve dans un petit livre de 36. pages
*in-*16. contenant la Lettre de M. l'Archevêque de *Cambray* au Pape, au
ſujet de ſon livre des *Maximes des*
Saints, & quelques autres Lettres qui
roulent ſur la même matiere. *Deſlyons*
y approuve fort la Theologie Myſti-
que.

URBAIN CHEVREAU.

P. 350. A Joutez à ſes Ouvrages. U. CHE-
Coriolan, Tragedie. VREAU.
Oeuvres diverſes. Les deux Amis,
Tragicomedie. Paris 1638. *in-*4°.

*Poëſies de Chevreau. Paris 1656. in-
8°. pp. 228.* On trouve à la p. 113.
un *Fragment du Ballet des liberalités
des Dieux, danſé à Stockholm le 8. de
Decembre 1652. Sur le jour de la
Naiſſance de la Reine Chriſtine.* It.
à la p. 120. *Le Ballet de la Felicité,
danſé à Stockholm au Mariage du Roi
de Suede le 31. Octobre 1654.* Ce qui
fait connoître le temps où il étoit
en Suede.

PIERRE BEMBO.

P. Bem-
bo.

P. 371. IL y a une édition du livre
N°. 2. De Imitatione bien anterieu-
re à celles que j'ai marquées. Elle
eſt raportée ſous ce titre par *Maittaire: De Imitatione liber cum Joan.
Franciſci Pici Opuſculis. Baſilea 1518.
in-4°.*

P. 372. N°. 4. Fabricius n'a pas
omis l'Edition de *Terence* de l'an
1552. du moins dans l'édition de ſa
Bibliotheque Latine de l'an 1721. où
il en parle p. 35. du 1er. vol.

Il s'eſt fait à *Veniſe* une édition de
toutes les Oeuvres de *Bembo* en quatre

volumes *in-fol.* avec des remarques
& des additions.

MATHURIN REGNIER.

P. 398. LA premiere édition de M. RIG-
Regnier que j'ai *in-4°.* NIER.
1608. & non pas *in-12.* ne contient
que dix Satyres, & son Discours au
Roi. J'en ai une plus ample de *Lyon*
chez *Cl. Chaland* 1617. *in-12.* J'en
ai vû une de *Paris* fort jolie chez *Guil.*
de Luynes 1655. *in-12.* Il y a dix-neuf
Satyres. *Rouen. Besogne.* 1626. *in-8°.*
On a joint à celle-ci des Satyres de
Sigogne, de *Motin* &c. Une autre de
1661. assez jolie. *Paris. Le Gras, in-12.*
(M. l'Abbé *Papillon*.)

ANGELO DI COSTANZO.

P. 400. LEs huit premiers, *ajou-* A. DI
L. 13. *tez*, livres. COSTAN-
P. 401. La seconde édition de ses zo.
Poesies a paru à *Boulogne* en 1712.
in-12. Il s'en est fait une troisiéme
par les soins des freres *Jean*, *An-*

'A. DI *toine*, & *Gaetan Volpi* à *Padoue* en
COSTAN- 1723. *in-8°. pp.* 93. Cette dernière
20.   eſt augmentée d'un Sonnet & de
quelques-unes de ſes Lettres, outre
quelques Poeſies ou lettres qui lui ont
été adreſſées. On a mis à la tête du
volume ſon Eloge, tiré du premier
tome du Journal de *Veniſe.*

CHANGEMENS, CORRECTIONS
& Additions.

Pour le Tome douzième.

EUSÈBE RENAUDOT.

P. 33. J Ean *Albert Fabricius* a in- **E. RE**
N°. 3. Jséré dans sa Bibliotheque **NAUDOT.**
Greque tom. 10. p. 343. ce que M.
Renaudot a dit de *Gennadius* dans ses
remarques sur cet Ouvrage, & y a
joint ses notes.

P. 39. N°. 14. La *Lettre à M.*
Dacier sur les Versions Syriaques &
Arabes d'Hippocrate a été insérée tra-
duite en Latin par *Fabricius* dans sa
Bibliotheque Greque tom. 1. p. 861.

Ajoutez à ses Ouvrages.

De Barbaricis Aristotelis librorum
versionibus Disquisitio ad Antonium Ma-
riam Salvinium, Græca lingua in Aca-
demia Florentina Professorem. Insérés
dans la Bibliotheque Greque de *Fa-*
bricius tom. 12. p. 246.

JEAN GUINTIER.

P. 45. J'Ai suivi dans le Catalogue de ses Ouvrages celui que *Van-der-Linden* nous en a donné, mais comme il est fort imparfait, & qu'il n'en marque gueres que des éditions recentes ; je marquerai ici les anciennes que j'ai pu decouvrir.

1°. *Syntaxis Græca. Paris.* 1527. *in-8°.* Je n'avois point marqué cet ouvrage.

2°. *Galenus de Plenitudine, & Polybus de salubri Victûs ratione privatorum, Latine, Guinterio Johanne Andernaco Interprete ; & Apuleius Platonicus de Herbarum viribus, & Antonius Benivenus de Abditis morborum causis. Paris. Wechel* 1528. *in-fol.* La traduction du Traité *De Plenitudine* de *Galien* faite par *Guintier*, a été imprimée par le même *Wechel*, à *Paris* en 1531. *in-8°.* Pour ce qui est de celle de *Polybe*, elle a paru de nouveau à la suite du Traité de *Scribonius Largus, De compositione Medicamentorum. Basilea* 1529. *in-8°.* & dans

un Recueil intitulé: *Bona valetudi-* **J.**
nis conservanda præcepta. Argentorati G u i n-
1530. *in-8°.* t i e r.

3°. *Galeni introductio, seu Medicus*
& de Sectis, Latine, Guinterio Joanne
And. Interprete. Paris. Simon Colines.
1528. *in-8°.*

4. *Galenus de Facultatum natura-*
lium substantia; quod animi mores cor-
poris temperaturam sequuntur; de pro-
priorum animi cujusque affectuum agni-
tione & remedio, Latine, Joan. Guinte-
rio And. Interprete. Paris. Simon Co-
lines. 1528. *in-8o.* La version du Traité de *Galien, De facultatum naturalium*
substantia a paru de nouveau à *Paris*
1547. *in-12.* Avec *Galeni de simplici-*
bus Medicamentis libri XI. Latine,
Theodorico Gerardo, Gaudano, Inter-
prete.

5°. *Galeni de semine libri duo, La-*
tine, J. Guinterio Interprete. Paris.
Simon Colines. 1528. *in-8°.* It. *Ibid.*
1533. *in-8°.*

60. *Galenus de Diebus Decretoriis,*
& morborum temporibus, Latine. Paris.
Simon Colines. 1529. *in-8°.*

7°. *Galenus de Atra Bile, & tu-*
moribus præter naturam, Latine, Joan.

Ander. Interprete. Parif. 1529. in-8°.

8°. *Galenus de compofitione Medica-*
mentorum κατὰ γένη *libri feptem, La-*
tine, Joan. Guint. Interprete. Parif.
1530. in-fol.

9°. *Galeni de Theriaca ad Pifonem*
liber, Latine, J. G. Interprete. Parif.
1531. in 4°.

10. *Galeni de Anatomicis admini-*
ftrationibus libri IX. Eod. Interprete.
Parif. 1531. in-fol.

11. *Pauli Ægineta Opus de re Me-*
dica, nunc primum integrum latinitate
donatum per Joan. Guinterium. Parif.
1532. in-fol. It. cum ejus Commenta-
rio. Argentorati 1542. in-fol.

12. *Galenus de Antidotis libri duo*
à J. G. nunc primum latinitate dona-
ti, & de remediis paratu facilibus, eo-
dem Interprete. Parif. 1533. in-fol.

13. *Oribafii Commentaria in Apho-*
rifmos Hippocratis, Latine hactenus
non vifa, Guinterii induftria velut è
profundiffimis tenebris eruta, & nunc
primum edita. Parif. 1533. in-8°.

14. *Cœlii Aureliani libri tres de A-*
cutis paffionibus, à Joan Guinterio emen-
dati, atque primum editi. Parif. 1533.
in-8°.

15. *Galeni Opera varia; Latine,*
Joh. *Guinterio Interp. partim nunc re-*
cens edita, partim diligentissime recog-
nita. Paris. 1534. *in-fol.* Les Ouvrages de ce Recueil sont. 1°. *De facul-*
tatibus naturalibus. 2°. *Quod animi*
mores corporis temperaturam sequuntur.
3°. *De propriorum affectuum agnitione.*
4°. *De Sectis.* 5°. *De Elementis.* 6°. *In*
Hippocratem de Natura hominis & de
Victus ratione privatorum. 7°. *De Con-*
stitutione Artis Medicæ. 8°. *De Præsa-*
giendis insomniis. 9°. *De Optima con-*
stitutione. 10. *De bono corporis habitu.*
11. *De Plenitudine.* 12. *De atra bile,*
13. *De Tumoribus præter naturam.* 14.
De Diebus decretoriis. 15. *De morbo-*
rum temporibus. 16. *De totius morbi*
temporibus. 17. *De Theriaca.* 18. *De*
pulsibus introductio, seu Medicus.

 17. *Galenus de Hippocratis & Pla-*
tonis Placitis, Latine, Guint. Interp.
Paris. 1534. *in-fol.*

 18. *Galeni de compositione Medica-*
mentorum secundum locos libri decem,
opus nunc primum Latinitate donatum
ac in lucem editum, per Joan. Guinte-
rium, publicum Scholæ Medicorum Pa-
risiensis Professorem. Paris. 1535. *in-fol.*

19. *Galeni de ratione ad Glauconem libri duo Græce & Latine. Parif.* 1536. *in-*8°.

20. *Galeni Opera diversa Latine, jam primum in lucem edita, Joan. Guinterio Interprete. Parif.* 1536. *in fol.* Ces traités font *de tremore prænoscendo, Typis seu formis morborum, præstantissima Medicorum Secta, vulvæ confectione, formatione fœtus, ratione medendi per Venæ sectionem, sanguinis missione ad Erasistratum, Hirudinibus, sanguine an in Arteriis secundum naturam contineatur, facultate purgantium Medicamentorum, quos & qualiter & quando purgare necesse sit, de Venæ sectione adversus Erasistrateos.* Ce dernier traité est de la traduction de *Joseph Tectander* de *Cracovie* ; tous les autres font de celle de *Guintier.*

21. *Cl. Galeni Isagoge, seu Medicus, & ejusdem Definitiones Medicinales, Græce, cum Latina versione illius per Joan. Guinterium, & harum per Jon. Philologum. Basileæ.* 1537. *in-*8°. Cette édition a été publiée par les foins de *Sebastien Singkeler* Medecin, & Professeur à *Basle.*

22. *Galenus de Elementis ex Hippo-*
                                    cratis

cratis sententia, Guint. Interp. Paris. 1541. *in-8°.*

23. *Alexandri Tralliani libri Medicinales XII. Joan. Guint. Interprete. Argentorati.* 1549. *in-8°. It. Basilea.* 1556. *in-8°. It. Lugduni.* 1560. *in-12.* It. parmi les *Artis Medica Principes* donnés par *Henri Etienne. Paris.* 1567. *in fol.* It. *cum Joannis Molinæi annotationibus. Lugduni.* 1575. *in-12.*

GUILLAUME MASSIEU

P. 57. Nº. 3. ON dit que M. *de Tourreil* en mourant avoit chargé M. *Massieu* de donner au public sa traduction des Harangues de Demosthene ; il falloit dire une nouvelle édition corrigée & augmentée. Car des l'an 1691. M. *de Tourreil* avoit publié cinq harangues de cet Orateur, & en 1701. il en avoit donné une nouvelle édition augmentée de six autres (M. l'Abbé *Goujet.*)

ISAAC LA PEYRERE.

I. LA P. 69. L'On a ignoré jufqu'ici la
PEYRE- vraye date de la mort de
RE. la Peyrere ; mais la piece fuivante
fervira a la faire connoître , & à recti-
fier plufieurs chofes que l'on a mifes
dans fon article.

*Extrait des Regiftres de la Paroiffe
d'Aubervilliers.*

» L'an 1676. le 31. Janvier a été
» inhumé à *Aubervilliers*, *Ifaac la Pey-*
» *rere* , natif de *Bourdeaux* , âgé de
» 82. ans, decedé le 30. muni de
» tous fes Sacremens, après avoir fait
» les actes d'un bon Chretien. Il avoit
» été heretique , & pendant ce temps
» avoit compofé un livre des Préa-
» damites , lequel il a retracté depuis
» par un écrit qu'il a fait imprimer.
» Après avoir abjuré toutes fes here-
» fies aux pieds de nôtre Saint Pere
» le Pape *Alexandre VII.* il a fait ve-
» nir au giron de l'Eglife le Sieur
» Comte de *la Suze* par les lettres
» qu'il lui a écrites , & les differta-
» tions qu'il a compofées contre le

» Ministre qui s'opposoit le plus à I. LA
» la conversion dudit Sieur Comte Peyre-
» de *la Suze*. Et enfin s'étant retiré re.
» du service de son Altesse Monsei-
» gneur le Prince de *Condé*, dont il
» étoit Bibliothecaire, il s'est retiré
» en ce Seminaire de *Nôtre-Dame des*
» *Vertus*, où il a demeuré pendant
» dix années consecutives.

Vers l'an 1671. on commença à
imprimer à *Paris* chez *Sebastien Huré*
& *Frederic Leonard*, *in-fol.* une traduction de la Bible, faite par l'Abbé
de *Marolles*, & accompagnée de notes assés amples d'*Isaac de la Peyrere*,
avec approbation des Docteurs &
Privilege du Roy. L'impression en
étoit au Chapitre 23e. du Levitique,
lorsqu'elle fut deferée à M. *François*
de Harlay, Archevêque de *Paris*. Ce
Prelat donna le tout à examiner à
Guillaume Martin, qui ayant été au-
trefois Ministre Calviniste, avoit abjuré l'Heresie, pour embrasser la Religion Catholique. Son rapport ne
fut pas favorable à l'ouvrage; il declara qu'il y avoit une infinité d'erreurs grossieres. Ainsi il fut supprimé
par ordre de M. le Chancelier *Seguier*,

& l'impreſſion n'alla pas plus loin. Ce qu'il y a d'imprimé ſe voit à la Bibliotheque du Roi & dans celle des Jacobins de la ruë S. Honoré. (*Le Long , Bibliotheca Sacra Tom. 1. p. 331.*

J'ai un Manuſcrit, qui paroît corrigé de la main de *la Peyrere* , lequel a pour titre: *Reponſe de la Peyrere aux Calomnies de Des Marais , Miniſtre de Groningue. La Peyrere* maltraite fort ce Miniſtre , qui l'avoit appellé dans un de ſes Ouvrage *l'impie defenſeur des Préadamites.* Il s'y propoſe de faire voir qu'il n'y a point d'impieté dans ſon Syſtême; que ce ſont plutôt les Proteſtans qui s'en rendent coupables par la liberté qu'ils uſurpent d'interpreter l'Ecriture Sainte ſelon leur eſprit particulier.

JEAN DE BARROS.

P. 93. Nº. 3. J'Ai l'édition du livre de *Vivés* de l'an 1535. qui eſt celle que vous citez. Mais le titre n'en eſt pas tel que vous le rapportez, *Exercitationes Anima in Deum;*

mais, *Ad anim.i exercitationem in Deum Commentatiuncula.* Il y a une autre Edition de cet Ouvrage à *Lyon* chez *Gryphe* 1565. qui est intitulée : *Exercitationes Animi in Deum.* A l'egard de l'Ouvrage de *Jean de Barros*, il n'est point nommé dans la dedicace de *Vives.* Celui-ci dit seulement qu'il a connu l'esprit, l'erudition, & la probité de *Barros* par un certain livre qu'il a écrit en sa langue. Voilà toutes les louanges qu'il donne à cet ouvrage, supposé qu'il ait entendu parler de celui qui est intitulé *Rhopica.* (Ce qui est a presumer, puisque *Barros* n'en a point fait d'autre, qui ait pu donner lieu à ces paroles. (M. l'Abbé *Goujet.*)

JEAN DE LA CASA.

P. 110. IL s'est fait à *Venise* une nouvelle édition de tous les Ouvrages de *la Casa* en 4 volumes in-4°. *Coll' aggiunte di varie cose tralasciate in nell' edizione di Firenze.*

JAQUES BOILEAU.

P. 140. *Histoire des Flagellans, où l'on fait voir le bon & le mauvais usage des Flagellations parmi les Chretiens, par des Preuves tirées de l'Ecriture Sainte, des Peres de l'Eglise, des Papes, des Conciles, & des Auteurs profanes, traduite du Latin de M. l'Abbé Boileau Docteur de Sorbonne. 2ᵉ. Edition revue & corrigée. Amsterdam* (c'est à dire, *Paris*) 1732. *in-12.*—M. l'Abbé *Granet*, qui a eu soin de cette édition, a mis à la tête une Preface très-curieuse, où il fait l'Histoire de ce livre. J'en transcrirai ici ce qu'il y a de plus important.

Quoique le sujet de cette Histoire soit fort indifferent pour la Religion, cependant la maniere dont M. l'Abbé *Boileau* l'a traité, fut regardée par quelques personnes, comme une hardiesse dangereuse. S'il en faut croire un Critique Anonyme, (*a*) l'Auteur essaia vainement d'avoir l'approbation de quelque Docteur;

(*a*) *Lettre à M. D. L. C. D. P. pag. 41.*

&c. fous pretexte que le livre étoit pu-   LEAU.
rement hiſtorique, il en fit charger
M. le Preſident *Couſin*; ce fut ſur
ſon approbation, qui n'a pas été
imprimée, qu'on ſurprit un Privilege, durant la maladie de feu M. le
Chancelier *Boucherat*. Quand M. *Boileau* preſenta ſon Manuſcrit, le titre
étoit conçu en ces termes : *Hiſtoria
Flagellantium de perverſo flagrorum uſu
&c.* Mais pour appaiſer les devots
Flagellans (*a*) on l'obligea d'ajouter, *de recto* &c. addition qui ſert à
montrer qu'on peut faire un bon uſage des Diſciplines. C'eſt apparemment pour la même raiſon, que dans
le ſommaire du premier chapitre, il
declare que *ſon but n'eſt pas de con-
damner l'uſage des Flagellations en general, lorſqu'elles ſont accompagnées
des autres macerations de la chair ;
mais ſeulement d'en montrer l'abus en
particulier, lorſqu'elles ſont ſeparées des
autres mortifications.*

Dés que cet Ouvrage eut paru,
quelques perſonnes qui n'aimoient
pas l'Auteur, travaillerent à faire
ſupprimer ce livre, & à en faire re-

(*a*) *Bibliotheque Volante. p. 213.*

J. Boi-
LEAU.

voquer le Privilège, qui avoit été obtenu dans toutes les formes de M. le
Chancelier *Boucherat*. Au rapport
d'un Auteur deja cité (a) le livre fut
supprimé. Il paroît pourtant que ces
efforts furent inutiles, & que M.
Boileau, qui jusqu'alors avoit gardé
l'*incognito*, s'étant avoué l'auteur de
l'Histoire des Flagellans, en empecha la suppression.

Six mois aprés l'impression de cette Histoire, un Auteur Anonyme
publia une Critique sous ce titre :
*Lettre de M. D. L. C. P. D. B. sur le
livre intitulé :* Historia Flagellantium.
in-12. *pp.* 43. sans nom de Ville ni
d'Imprimeur. C'est une Analyse de
l'Ouvrage de M. *Boileau*, que cet
Ecrivain a tâché d'égayer par des
plaisanteries, qui certainement ne
sont pas dans le goût de *Lucien*.

M. *Boileau* entreprit de se justifier
par un ouvrage que M. *Thiers* assure
avoir en Manuscrit, & qui étoit intitulé : *Historia Flagellantium vindicata, & dans lequel il rapportoit des
cas de conscience metaphysiques & sin-
guliers, tirés des livres de certains Ca-*

(a) *Bibliotheque Volante.* p. 214.

suites ;

suistes, qui ont employé des descriptions & des expressions que la pudeur a peine à souffrir. Ce sont les termes de ce Critique.

Peu de temps après l'impression de l'Histoire Latine des Flagellans, c'est à dire en 1701. on en vit paroître la Traduction Françoise à *Amsterdam in-12.* M. *Boileau* se plaignit de ce que le Traducteur l'avoit nommé dans le titre; & quoiqu'il reconnût qu'il *parle assez bien pour ce qui concerne le tour & la netteté des expressions*, il fit des *Remarques* sur cette traduction, où il releve quelques bévuës, & corrige quelques endroits trop libres.

Ces Remarques parurent à *Paris* en 1702. chez la veuve *Barbin in-12.* pp. 24. & furent réimprimées la même année à *Amsterdam* dans le Tome I. des supplémens aux *Memoires de Trevoux* p. 27. Dans cette derniere édition on a supprimé deux ou trois petits articles, mais aussi il y a quelques traits curieux qu'on ne trouve pas dans l'édition de *Paris.*

L'Auteur de la Traduction de l'*Histoire des Flagellans*, qui est estimable pour l'exactitude & l'énergie de l'expreſſion, m'eſt inconnu. Quelques perſonnes l'attribuent à M. *Boileau*. M. *Thiers* le dit poſitivement dans la Preface de ſa Critique ; mais il paroît n'avoir adopté cette imputation, que pour inſulter ſon adverſaire.

La Critique de M. *Thiers* parut en 1703. à *Paris in-12.* Les Journaliſtes de *Trevoux* en parlerent avantageuſement ; ce qui engagea M. *Boileau-Deſproaux* à faire l'Epigramme ſuivante.

   Non, le livre des Flagellans
N'a jamais condamné, liſez le bien,
     mes Peres,
   Ces rigidités Salutaires ;
Que pour ravir le Ciel, ſaintement
     violens,
Exercent ſur leur corps tant de Chrétiens auſteres.
Il blâme ſeulement cet abus odieux
     D'étaler, & d'offrir aux yeux
Ce que leur doit toûjours cacher la
     bienſeance,
Et combat vivement la fauſſe pieté ;
Qui ſous couleur d'éteindre en nous
     la volupté.

*Par l'austerité même & par la pe-
nitence*
*Sçait allumer le feu de la lubri-
cité.*

Il me reste maintenant à parler de
la Latinité de M. *Boileau*, blâmée
par ses deux Critiques. J'avoue qu'il
lui est echappé quelques fautes contre la construction. Mais eu égard
au sujet de son Histoire & à sa maniere de le traiter, son Latin exprime agréablement ses idées badines.
Il est aisé de remarquer, qu'il avoit
lû *Plaute*, & qu'il en copie les ex-
preffions. En prenant ce point de
vuë, sa Latinité ne paroît pas mepri-
sable.

MARC-ANTOINE COCCIUS
SABELLICUS.

P. 164. Maittaire cite une édition de son Histoire
Universelle, qui porte ce titre : *Rhap-
sodiæ Historiarum Enneades Marci-
Antonii Coccii Sabellici, ab orbe con-
dito. Pars prima complectens quinque
Enneades.* (Ce qui est faux, car elle

M. A. C.
SABELLI-
CUS.

n'en a que quatre) *Secunda tres, tertia quatuor, usque ad annum 1504. premissis earumdem repertoriis auctis & recognitis ab Ascensio, cum Authoris Epitomis. Paris 1509. in fol.*

Le même cite encore cette édition de ses ouvrages.

M. Ant. Sabellici Opera. Venetiis, per Albertinum de Lisona Vercellensem. 1502. in fol.

JEAN MEURSIUS.

J. MEUR-
SIUS.

P. 185. N°. 1. **F**abricius dans sa Bibliotheque Greque ne parle point de l'Edition du Commentaire de *Meursius* sur *Lycophron*, que j'ay marquée en 1699. Il y en a deux de *Potter*, une de 1697. & l'autre de 1701. faite à *Oxford in fol.* comme la premiere.

P. 190. N°. 35. Variorum divinorum liber, sive Orationes Patrum numquam editae; videlicet, Cyrilli Alexandrini in Transfigurationem Domini &c. Ce premier ouvrage avoit été oublié dans le titre rapporté.

JEAN BAUDOIN.

P. 210. SOn *Histoire Negrepontique*, J. BAU-
& non pas *Negropontique*; DOIN.
a été réimprimée en 1731. à *Paris.*
Cet ouvrage vient originairement
d'un Moine Grec, d'après lequel Oc-
tavio Finelli le traduisit en Italien.
M. de Boissat, de l'Académie Françoise, le mit en François sur une copie
Manuscrite de *Finelli*, & l'envoïa à
Baudoin son ami, qui se servit de
sa traduction ; & de ces Memoires
detachés il composa une histoire suivie, & ajusta à nos usages les harangues & les complimens. (M. l'Abbé
Goujet.)

JEAN DEVAUX.

P. 230. AJoutez à ses Ouvrages J. DE-
les suivans, qui ont paru VAUX.
depuis l'impression de ce volume.
*Traité des Maladies aigues des En-
fans, avec des observations Medicinales sur ces Maladies, & sur d'autres*

J. DE-
VAUX.

matieres très-importantes ; & une disser-
tation sur l'Origine, la Nature, & la
curation de la Maladie Venerienne,
traduite du Latin de Gautier Harris,
Medecin, par M. Devaux. Paris 1730.
in-12.

Traité de la Nature, des causes, des
Symptomes, & de la curation de l'acci-
dent le plus ordinaire du mal Venerien
(qui est la Gonorrhée virulente) tra-
duit de l'Anglois de Guillaume Cokburn,
Medecin, par M. Devaux. Paris. 1730.
in-12.

Traité des Maladies, qui arrivent
aux parties genitales des deux sexes,
& particulierement de la Maladie Ve-
nerienne, traduit de l'Italien de Jacques
Vercelloni, Medecin, par M. Devaux.
Paris. 1730. in-12.

PIERRE FRANCIUS.

P. FRAN-
CIUS.

P. 439. A Joutez à ses Ouvrages
Encomium Galli Gal-
linacei. Amstelod. 1680. in-4°.

Oratio de ratione declamandi. Am-
stelodami 1696. in-8°. Ces deux difcours se trouvent aussi dans le Re-

cueil de ſes Harangues, dont j'ai parlé. *N°.* 2.

BENOIST BACCHINI.

P. 261. J'Ai dit qu'au Duc de *Mo-* B. BAC-
dene, qui mourut en CHINI.
1694. ſucceda ſon fils. C'eſt une faute. Ce Duc, qui étoit *François d'Eſt*
II. eſt mort ſans enfans. Son ſuccef-
ſeur, *Renaud d'Eſt,* étoit fils de *Fran-*
çois I. & par conſéquent Oncle de
François II.

LOUIS NOGAROLA.

P. 308. LA verſion des Queſtions L. No-
N°. 5. Platoniques de *Plutar-* GAROLA.
que par *Nogarola* a été imprimée à
Veniſe, en 1552. *in*-4°.
   P. 309. *N°.* 8. *Louis Nogarola* a
non ſeulement ajouté des notes à cet
Ouvrage de *Themiſtius,* il l'a outre
cela traduit en Latin. Le tout a été
imprimé à *Veniſe* en 1570. *in-fol.*

MARTIN SCHOOCKIUS.

M.
Schooc-
kius.

P. 366. DAns les extraits d'un
Voyage Litteraire de
Jean-Jaques Thurmius, inferés dans
le 11e. tome des *Amœnitates Littera-
ria* p. 278. & 297. on trouve les par-
ticularités fuivantes fur *Schoockius*.

Thurmius dit qu'étant à *Helmftadt*,
Meibomius lui raconta que *Schoockius*
ayant accufé *Defcartes* d'Atheifme,
fe vit expofé aux perfecutions des
difciples de ce fameux Philofophe;
qu'elles allerent même fi loin, qu'a-
yant été faire un Voyage à *Utrecht*,
il y fut arrefté par le credit des Car-
tefiens, & retenu pendant quatorze
femaines; & que ce fut apparemment
la raifon qui le determina à quitter
la Hollande, pour aller en Allemagne.

Il rapporte plus bas une autre caufe du changement de *Schoockius*,
qu'il dit avoir apprife de *Samuel
Des-Marets. Schoockius*, dit-il, avoit
d'abord époufé une femme affés ri-
che; lorfqu'elle fut morte, il fe re-

maria à une-veuve qu'il croyoit à   M.
fon aife, & qui de fon côté s'ima- Schooc-
ginoit trouver une fortune en l'épou- kius.
fant. Mais ils fe tromperent l'un
l'autre. Au bout de quelque temps
Schoockius ayant contracté des dettes,
fe vit inquiété par fes Créanciers ;
& ce fut pour fe fouftraire à leurs
pourfuites, qu'il fe retira en Allemagne. Il fit croire d'abord qu'il
n'avoit deffein que d'y faire un voyage ; mais quand il y fut arrivé, il
declara qu'il ne retourneroit plus à
Groningue.

P. 375. N°. 19. L'Ouvrage cité ici
eft intitulé : *Differtatio Hiftorica ex*
rerum geftarum luce expendens juftitiam
Belli Belgici, occurrenfque iis quæ ab
aliis contra eam funt mota. Groningæ,
1647. in-12.

CHANGEMENS , CORRECTIONS
& *Additions.*

Pour le *Tome treizième.*

JEAN CORAS.

J. Co-
RAS.
P. 11. JE marquerai ici quelques
éditions de plusieurs de ses
Ouvrages dont je n'ai point parlé.

In Titulum Cod. de Servitutibus Commentarius. Lugduni. 1552. *in-8°.*

In universam Sacerdotiorum materiam Paraphrasis. Parif. 1552. *in-8°.*

Quæstionum liber unus. Accedunt enarrationes in L. Vinum. ff. si certum petatur. L. Pacta conventa. ff. de contrahenda Emtione. L. Si emancipati ff. de Collationibus. Lugduni 1555. *in-8°.*

Altercation de l'Empereur Adrian, & du Philosophe Epictete, avec les Annotations de Jean Coras. Toulouse. 1558. *in-8°.*

De Juris Arte. Colonia. 1563. *in-8°.*
It. avec le Traité de *Jean Hopperus*

fur le même fujet. *Colonia.* 1582.   J. Co-
*in-*8°.   RAS.

    *Tractatus de Officiis , Electionibus ,
& Beneficiis Ecclofafticis. Colonia.*
*1596. in-*8°.

    Mifcellaneorum Juris Civilis libri
VII. *Colonia.* 1598. *in-*8°. It. *France-*
furti. 1614. *in-*8°.

    *Memorabilium Senatufconfultorum
Curia Tolofana centuria. Lugduni.*1600.
*in-*8°.

BENOIST DE SPINOSA:

P. 46. LE *Tractatus Theologico-Po-*   B. DE
liticus de *Spinofa* impri- SPINOSA.
mé fous le titre de *Danielis Heinfii*
P. P. Operum Hiftoricorum collectio
prima , Editio fecunda Lugduni apud
Ifaacum Herculis 1673. *in-*8°. eft plus
correct dans cette feconde édition
que dans la premiere *in-*4°. de l'an
1670. que j'ai marquée. On trouve
le même livre avec cet autre titre :
Fr. Henriquez de Villacofta M. Doct.
à Cubiculo Philippi IV. Caroli II. Ar-
chiatri opera Chirurgica omnia fub au-
fpiciis Potentiff. Hifpaniarum Regis. Am-

B. DE *ftelodami.* 1673. *in*-8°. e'eft la même
SPINOSA. édition que celle qui porte le nom de
Heinfius. On a mis à la fin l'Ouvrage
de *Louis Meyer,* qui a pour titre: *Phi-
lofophia facra Scripturæ Interpres.*

Les remarques qui fe trouvent à
la fin de la traduction Françoife de
l'Ouvrage de *Spinofa,* laquelle a paru
fous trois titres differens, font traduites du Latin de *Spinofa,* quoiqu'elles ne foient pas dans les éditions Latines.

La vie de *Spinofa* par *Colerus* a été
réimprimée avec plufieurs autres Pieces fous ce titre.

*Refutation des Erreurs de Benoît de
Spinofa, par Mr. de Fenelon, Archevêque de Cambrai, par le P. Lami Benedictin, & par Mr. le Comte de Boulainvilliers, avec la vie de Spinofa,
écrite par M. Jean Colerus, Miniftre
de l'Eglife Lutherienne à la Haye;
augmentée de beaucoup de particulari-
tés tirées d'une vie Manufcrite de ce
Philofophe, faite par un de fes amis.
Bruxelles (C'eft-à-dire, Amfterdam)*
1731. *in*-8°. *pp.* 536. On a eu tort de
donner l'Ouvrage de Mr. le Comte
de *Boulainvilliers,* qui paroît ici pour

la premiere fois, sous le titre de *Re-*
futation de Spinosa, puisque ce n'est,
comme dit l'Auteur même dans la
Preface, que le Systeme de *Spinosa*
reduit en Methode & mis au net, lequel est mieux suivi & par consequent plus dangereux que les Ecrits
d'où il est puisé.

LOUIS ALAMANNI.

P. 60. L'Histoire de *Florence* par
Varchi, que je cite com-
me Manuscrite, a été imprimée en
1721. en Allemagne, par les soins du
Cavalier *Settimani*, qui a donné aussi
l'Histoire de *Segni*. (*Le Marquis Tri-*
vulce.)

GERARD-JEAN VOSSIUS.

P. 124. C E ne fut pas en glissant
sur les Canaux que *Cor-*
nelie se noya; mais en passant sur la
glace en chariot. *Vossius* raconte lui-
même cette avanture dans une de ses
Lettres, qui merite d'être rapportée

G. J. Vossius. ici. Elle est datée de l'an 1538. & adressée à Jean Meursius.

V. Kal. Febr. ipsa Gerardi mei natali, amisi suavissimam majorem natu filiam Corneliam, Virginem ea pietate, moribus illis, ac rei domestica intelligentia & cura; illa, ut de Latina taceam, Gallica, Hispanica, Italica lingua peritia; illa notitia tum omnis generis Musices, tum & calamo & penicillo pingendi, ut tot bonis boni Numinis gratia concurrentibus, omnibus fuerit admirationi, qui nossent; fatendumque sit, non eam profecto minus sui sexus laudibus excelluisse, quam suë filiorum quos habui vel habeo quemquam. Quodque dolorem auget, ea mihi momento erepta, dum per glaciem rheda cum fratre Matthaeo & sorore Joanna, illustrissimique Polonici legati filia fidei mea commendato, nec non Ephoro ejus traha Leidam fertur. Non quidem quicquam imprudenter existimo hîc factum à meis, si quidem ea crassities glaciei erat, ut centena eodem tempore traha veherentur sine periculi formidine: sed non impudens minus quam imprudens trabarius, dum invitis sessoribus praevertere vult antecedentes, ad latus,

ubi piscati antea fuerant, tenuique gla- G. J.
cie aqua erat obducta, deflectens, om- VOSSIUS.
nes precipitavit in aquas. Unde prima
quidem extracta Cornelia (heu nuper
mea!) sed jam terrore & casu plane
exanimata: cæteri vivi educti virtute
potissimum, post Dei gratiam, Matthæi
mei, qui ter in aquas insiluit, non sine
magno sui periculo, ut succurreret alieno:
Prope Leidam ista contigere, qua occa-
sione filia est avito inlata sepulchro.

CLAUDE D'ESPENCE.

P. 189. LE Cardinal de Lorraine C. D'ES-
le mena à *Rome* en 1655. PENCE,
Lisez, 1555.

   P. 192. Il mourut le 5. Octobre
1671. *Lisez* 1571.

   P. 208. N°. 39. *Super hodierno*
Schismate sermo. Paris 1568. *in-8°.*

Ajoutez à ses Ouvrages.

Oratio Manassæ Regis Juda, & Epi-
stola Hieremiæ, carmine Latino. Paris.
1566. *in-8o.*

NICOLAS SANSON.

N. SAN-
SON.

P. 213. J'Ai oublié la 5e. Carte Françoise de la France, qui est
par les Generalités.

P. 215. *Ligne* 8. *Le ramenoit ohez
lui*, lisez, *le ramena.*

P. 216. On a oublié parmi ses Ouvrages, la *Dissertation sur l'Empire des
Elamites*, qui est dans la Bible en 4.
vol. *in-fol.* (*l'Abbé Goujet.*)

PIERRE RAMUS.

P. RA-
MUS.

P. 293.
N°. 11. O *Ratio initio sua Profes-
sionis anno* 1551. *Octavo
Cal. Septembris habita. Paris.* 1557.
in-8°.

P. 294. *N°.* 16. *Ciceronianus. Paris.
Wechel* 1557. *in-8°.*

JEAN BARBIER D'AUCOUR.

J. B.
D'A U-
COUR.

P. 316. O U M. l'Abbé le Clerc
a-t'il pris que Barbier
d'Aucour

d'Aucour logea d'abord chez un pau-   J. B.
vre Libraire &c? En arrivant à Paris   D'A u-
il entra au College de *Lizieux*. (M.   C O U R.
l'Abbé *Goujet*.)

. Il mourut dans la 53ᵉ. année de
ſon âge. Ainſi il étoit né vers l'an
1641. (*Id.*)

P. 323. L'Auteur de la *Bibliothe-*
que Janſeniſte, (le *P. Colonia*, Jeſuite)
qui a attribué les Chamillardes à
Barbier d'Aucour, s'eſt retracté dans
la 2e. édition de ſa Bibliotheque, où
il aſſure que ces lettres ſont de Mon-
ſieur *Nicole*; mais il n'en donne aucune preuve; & je le croirois fort
embaraſſé de le prouver. (*Id.*)

P. 324. l'Edition des *Sentimens de*
Cléante, de l'an 1730. a été donnée
par M. l'Abbé *Granet*. Le petit livre
de la *Delicateſſe*, qui eſt de l'Abbé
de Villars, fut fait contre le premier
volume de ces Sentimens, & *d'Aucour*
lui a repondu dans le ſecond. (*Id.*)

. Le *P. le Cerf* dans la Bibliotheque
des Benedictins *V. Delfau*, attribue
ſans heſiter à *Barbier d'Aucour*, l'En-
tretien d'un *Abbé Commendataire &*
d'un Religieux, ſur les Commendes (ſans
date), l'Abbé *le Clerc* dit qu'il vou-

droit qu'il en eût donné de bonnes
preuves.

CONRAD PEUTINGER.

P. 346. M. Jean-George Lotter,
d'Augsbourg, m'a
fait l'honneur de m'envoyer une brochure de sa façon, qui a pour titres
*Joannis Georgii Lotteri ad Joan. Geor-
gium Schelbornium Epistola, qua de
Consilio suo publicis usibus evulgandi
Opuscula Conradi Peutingeri exposite
disserit. Lipsiæ 1731. in-4°. pp. 16.* Cette édition qu'il prepare sera en deux
volumes. Les Oeuvres de *Peutinger*
y seront precedées d'une vie de l'Auteur encore plus ample & plus exacte
que celle qu'il a donnée en 1729. &
de l'Histoire d'une Société Litteraire
établie à *Augsbourg* du temps de *Peutinger* pour contribuer à l'impression
des meilleurs Historiens Romains &
Allemands.

Outre les Ouvrages deja imprimés, dont j'ai parlé, on y trouvera
ceux qui sont demeurés Manuscrits,
tels que sont les suivans.

Epistola de nomine Augustus *ad* C. Peu
Theodoricum Risichæum. Thierry Rey tinger.
sach étoit Docteur en Droit, & premier Professeur en cette Faculté à
Ingolstadt; il est connu par une verversion Allemande qu'il fit en 1602.
de l'Histoire des Septante Interpretes
d'*Aristée*.

    *Interpretatio super Nomismatis Her-
culis Inscriptione Græca.*

    *Adnotationes de Annis Cæsarum Ger-
manicorum ex Monumentis publicis.*

    Dissertatio de Morinis.

    Epistola varia.

On doit esperer de l'habileté & de
l'érudition de l'Editeur, que cette
édition sera aussi parfaite qu'elle peut
l'être.

GUILLAUME AMONTONS.

P. 350. LE jeu d'Esprit de M. A. G. Amonmontons n'étoit pas nou tons.
veau. On l'avoit pratiqué plus d'un
siecle avant cette Epoque, pour faire
savoir à *Henri IV*. qui étoit à *Rouen*,
la naissance de *Louis XIII*. Ainsi M.

Amontons n'en est pas l'inventeur.
(M. l'Abbé *Goujet*.)

BERNARD NIEUWENTYT.

B. NIEU- P. 356. IL n'aquit à *Westraafdyt*,
WENTYT mettez : *Westgraafdyk*.
Ajoutez à ses Ouvrages un *in*-4°.
imprimé en 1720. en Hollandois,
dans lequel il combat les idées de
Spinosa. Il l'avoit achevé environ
un mois avant sa mort.

ANDRE' NAVAGERO.

A. NA- P. 369. LEs deux discours mar-
VAGERO. qués au N°. 1. & 2. ont
été imprimés ensemble à *Paris* chez
Galliot du Pré l'an 1531. *in*-4°.
Andrea Naugerii Orationes & Car-
mina. Venetiis 1530. *in-fol*.

PIERRE DE BOISSAT.

P. 400. Ajoutez à ses Ouvrages.
Encomiasticon Christinæ Suecorum Regina. in-4°.

P. DE
BOISSAT.

J. BUGEN- ga 1524. *in-8°.* It. *Basilee* 1525. *in-8°.*
HAGEN. Avec le Commentaire sur quelques
Epitres de *S. Paul,* marqué au *N°.* 11.

2. *Indices in Evangelia Dominica-*
lia. Witteb. 1524. *in-8°.*

3. *Postilla in Evangelia usui tem-*
porum & sanctorum totius anni servien-
tia. Witteb. 1524. *in-8°.*

4. *De Conjugio Episcoporum & Dia-*
conorum ad Venerand. Doct. Wolffg.
Reissenbusch Monasterii Lichtenb.
Præcept. Witteb. 1525.

5. *Oratio de iis, quæ in Psalterio*
sub nomine ejus in Germania translato
leguntur. Wittemb. 1526. *in-8°.*

6. *Pia & vere Catholica, & con-*
sentiens veteri Ecclesiæ Ordinatio Cære-
moniarum pro Canonicis & Monaste-
riis. Hafniæ 1537. *in-8°.*

7. *Relatio de gestis in Dania, post*
reditum die 4. Julii ad Electorem Saxo-
nia scripta. Ant. 1541.

8. *De Infantibus in utero extinctis.*
1542.

9. *Psalterium Davidis, & integri*
voci sacræ Doctrinæ ex omnibus Prophe-
tis, cum quibusdam aliis piis Canticis,
Latine conversa. 1544.

10. *De Conjugio, Adulterie, &*
Divor-

Divortio, ad Regem Daniæ. Witteb.
1545.

11. *Paſſio Domini noſtri Jeſu-Chriſti
ex IV. Evangeliſtis Latino-Germanica,
cum notis. Witteb.* 1546. *in-8º.*

12. *Annotationes in Johannem. Witteb.* 1546.

13. *Concio funebris in Obitum Lu-
theri. Witteb.* 1546. 1555. 1605. *Roſtoch.*
1611. *Lipſiæ* 1647. *in-4º.*

14. *Adhortatio ad vicinos, ne adju-
vent hoſtes Evangelicorum. Witteb.*
1546. *in-4º.*

15. *Comment. in Prophetam Jonam,
annexis utiliſſimis obſervationibus de
vera pœnitentia, quam Chriſtus com-
mendat nobis in Ninivitis, & de falſa
pœnitentia.* 1550. J'ai marqué cet ouvrage au *Nº.* 6.

16. *Fragmentum de Migrationibus
Gentium in Occidentis Imperium. Fran-
cofurti* 1614.

17. *L'Epiſtola ad Fideles in Angliæ*
a paru en Allemand l'an 1525. *Bugenhagen* ne l'écrivit, que pour appren-
dre aux Anglois quels étoient les
ſentimens de *Luther*, qui faiſoit alors
tant de bruit.

18. *Des Preparatifs que l'on fait pour*
Tome XX. G

J. BUGEN- *la Guerre* (en Allemand) *Wittemberg.*
HAGEN. 1545.

19. *Relation de ce qui s'est passé à Wittemberg , lorsque l'Empereur Charles-Quint l'assiegea.* (en Allemand) *Wittemb.* 1547. & *Jene* 1705. *in-8°.*

20. La premiere Bible Lutherienne de la basse Saxe parut en 1533. *in-fol.* (en Allemand) par les soins de *Bugenhagen.*

21. *Le Nouveau Testament en Patois Allemand.* 1531. *in-8°.* Par les soins du même.

Voici le Jugement que M. Simon porte dans son *Histoire Critique des principaux Commentateurs de Nouveau Testament* , du travail de *Bugenhagen* sur l'Ecriture sainte. » Quoiqu'il soit » court , & qu'il ait plutôt écrit des » Scholies , qu'un Commentaire , » il étoit trop prevenu des sentimens » de ceux de la Secte , pour donner » quelque chose d'exact. S'il tombe » sur quelque endroit qui ne s'accorde pas tout-à-fait avec les sentimens de *Luther* , il n'oublie rien » pour le detourner en un autre sens. » Mais il choisit exprès les endroits » qui lui paroissent les plus propres

» à faire des reflexions de Theologie, J. BUGEN-
» où *Luther* parle plutôt que l'Ecri- HAGEN,
» ture. Il ajoute aussi quelquefois de
» la controverse & des digressions
» contre l'Eglise Romaine ; en quoi
» il est neanmoins plus moderé que
» *Justus Jonas* Lutherien du même
» temps.

LOUIS LE LABOUREUR.

P. 127. LE Poëme de *Charlemag-* L. LE
ne est dedié au Prince de LABOU-
Condé, qui l'ayant reçu de son Au- REUR.
teur en lut quelque chose; après quoi
il le donna à *Pacolet*, son valet de
pied, à qui il renvoyoit ordinaire-
ment tous les livres qui l'ennuyoient.
C'est à quoi *Despreaux* a fait allusion,
lorsqu'il a dit dans son Epitre IX.
en parlant du Prince de *Condé*
——*Malheur au Poëte insipide, odieux,*
Qui viendroit le glacer d'un éloge
    ennuyeux ;
Il auroit beau crier: Premier Prince
    du Monde,
 Courage sans pareil, Lumiere sans
    seconde,
        G ij

Ses vers jettés d'abord, sans tour-
  ner le feuillet,
Iroient dans l'antichambre amuser
  Pacolet.
(*Brossette ; Notes sur Boileau.*)

JEAN GERBAIS.

J. GER-
BAIS.

P. 139. CEt article est extrait de la Bibliotheque des Hommes illustres de Champagne, du *P. le Pelletier*, & non pas de Bourgogne, comme on l'a dit par inadvertence.

JEROSME CARDAN,

J. CAR-
DAN.

P. 234. L*ig.* 14. 1601. *Lisez* 1501.
P. 250. L*ig.* 14. 1581. *Lisez* 1561.

JACQUES EVEILLON.

J. EVEIL-
LON.

P. 302. J'Ai mal rapporté le titre
N°. 5. J de cet Ouvrage, qui a été imprimé bien plutôt que je ne l'ai marqué, & du vivant même de l'Au-

teur. En voici le veritable titre: *Apo-* J. EVEIL-
logia Capituli Ecclesiæ Andegavensis LON.
pro sancto Renato Episcopo suo adver-
sus disputationem duplicem Joannis de
Launoy. Andegavi. 1650. *in-8°.* pp.
252. l'Auteur dit dans sa Préface que
cette Apologie paroîtroit incessam-
ment en François, pour la satisfaction
de ceux qui ignorent le Latin, &
Menage, dans les Notes de sa Vie de
Pierre Ayrault faisant l'Eloge d'*Eveil-*
lon, dit qu'il a fait en François l'A-
pologie du Chapitre de l'Eglise d'*An-*
gers. Cependant je ne crois pas
qu'elle ait paru en François; il se peut
faire que *Menage* se soit trompé,
puis qu'il ne parle point de l'Ouvrage Latin, qui existe incontesta-
blement. Peut-être *Eveillon* n'a-t-il
pas eu le temps d'executer son dessein par rapport à sa traduction: Ce
qui est d'autant plus facile à croire,
qu'il mourut l'année suivante.

GEORGE DE TREBIZONDE.

P. 328. G Regorii Nysseni Mystica   G. DE
N°. 4. vita Mosaica enarratio TREBI-
G iij   ZONDE.

G. DE
REBI
ONDE. *Georgio Trapezunt. Interprete. Vienne. Apud Joannem Gremperium & Basileæ. Apud Andream Cratandrum.* 1521. *in*-4°. L'Edition de *Basle* est posterieure à celle de *Vienne*, comme *Cratander* le marque au Commencement; ainsi celle de *Vienne* ne peut être de l'an 1527.

P. 329. *N°.* 7. *Maittaire* cite cette édition : *Aristotelis Rhetoricorum ad Theodecteri libri tres, Latine, Georgio Trapez. Interprete; & Rhetorices ad Alexandrum liber unus à Francisco Philelpho in Latinum versus. Parif. Simon Colines.* 1530. *in*-8°.

P. 334. *N°.* 27. *Maittaire* marque une édition de cette Rhetorique faite à *Milan* en 1493. *in-fol.*

P. 337. *N°.* 32. Voilà quelques autres éditions de la Dialectique de *George. Paris. Simon Colines* 1532. *in*-8°. It. *Chez le même* 1534. *in*-8°. It. *cum Scholiis per Joannem Neomagum. Parif. Fr. Gryphius.* 1535. *in*-8°,

ADRIEN BEVERLAND.

P. 341. L'Ouvrage *Vox Clamantis* A. BEVER-
*in diserto in-*12. est rap- LAND.
porté dans la Bibliotheque de *Huls*,
avec celui *de Fornicatione Cavenda*.
Ce qui peut faire croire qu'il a été
imprimé.

Nous lisons dans les Fastes de
l'Université d'*Oxford* que *Beverland*
alla dans cette ville en 1672. pour
être à portée de consulter la fa-
meuse Bibliotheque de l'Université;
qu'il s'y fit recevoir ensuite Docteur en Droit ; mais qu'ayant publié des Ouvrages obscenes, il en
fut chassé.

EDME BOURSAULT.

P. 364. J'Ai mal intitulé le livre
qu'il fit pour l'éducation E. BOUR-
de M. le Dauphin, *l'Education des* SAULT.
Souverains. Son veritable titre est celui que j'ai marqué à la p. 380. *N°.* 5.

CHANGEMENS, CORRECTIONS
& *Additions.*

Pour le Tome quinziéme.

CHRISTOPHE PERSONA.

C. PER- *P. 4.* OUtre l'édition de la Ver-
SONA.   *Nº. 1.* fion du Traité d'*Origene*
contre Celfe, que j'ai marquée, il y
en a une autre de *Venife* de l'an 1514.
in-fol.

Ib. Nº. 2. Maittaire marque une
édition de la Verfion de *Precope* par
Perfona, faite à *Rome, per Joannem
Befickem Alemannum* 1506. *in-fol.* &
une de celle d'*Agathias* faite dans la
même ville, *apud Jacobum Mazo-
chium* 1516. *in-fol.*

HENRI DE MONANTHEUIL.

H. DE *P. 46.* SA femme s'appelloit *Jeanne*
MONAN-   *de Marcés.* (*Menage. Rem.*
THEUIL. *fur la vie de Pierre Ayrault* p. 254.

GUILLAUME CAOURSIN.

P. 147. C E difcours a été impri-
N°. 8. mé la même année
1485. in-fol. fans nom de ville.

ALBÈRIC GENTILIS.

P. 25. L 'Article qu'*Antoine Wood*
a donné d'*Alberic Gentilis*
dans fon *Athena Oxonienfes* tom. 1. p.
367. & que je n'avois point vû, lorfque j'ai dreffé fon article , me four-
nit plufieurs additions & corrections
importantes.

Il naquit à *Caftello di fan Genefio*
l'an 1551. & fe fit recevoir en Droit
à *Peroufe* en 1572. âgé de 21. ans.

Etant allé à *Londres* , il y trouva
de la protection ; & *Robert Dudley* ,
Comte de *Leicefter* , Chancelier de
l'Univerfité d'*Oxford* , s'étant rendu
fon patron , lui accorda des Lettres
datées du 24. Novembre 1580. pour
y être reçu. Il alla donc à *Oxford* ,
où *Daniel Donne* , Principal du Colle-

A. GEN- ge neuf, lui donna un logement dans
TILIS.   ce College & lui procura non seulement quelques secours de differentes personnes, mais encore une pension de six livres treize sols quatre
deniers, monnoye d'Angleterre, que
l'Université lui accorda à sa sollici-
tation.

A la fin de la même année il fut
incorporé à la Faculté de Droit de
cette Université, & demeura encore
quelques années dans le College
neuf, occupé à composer differens
ouvrages.

En 1587. & non pas en 1582. comme je l'ai marqué, la Reine *Elizabeth* lui donna une chaire de Professeur en Droit Civil, à *Oxford* ;
qu'il a remplie pendant 24. ans.

Il mourut au commencement de
l'année 1611. c'est adire à la fin de
Mois de Mars, ou au commencement d'Avril, âgé de 60. ans. Ainsi
la date que j'ai suivie, & que j'ai
prise de *Kœnig*, est fausse.

Cet Auteur ajoute que *Gentilis*
mourut à *Londres* & fut enterré auprès de son Pere. Il est vrai qu'il
l'avoit ainsi ordonné par son testa-

ment daté du 14. Juin 1608. dont A. GEN-
Wood dit avoir vû une copie ; mais TILIS.
on ne sçait où son pere mourut & fut
enterré. Ce qu'il y a de sûr, c'est
qu'*Alberic Gentilis* est mort à *Oxford*,
& qu'il y a été enterré, sans qu'on
sçache precisement en quel endroit.

Il laissa une veuve, nommée
Esther, qui se retira à *Rickmansworth*
dans le Comté d'*Hertford*, où elle
mourut en 1648.

Ajoutez à ses Ouvrages les suivans.

*Legalium Comitiorum Oxoniensium
actio. Londini.* 1585. *in-*8°.

De injustitia bellica Romanorum actio.
Oxonii 1590. *in-*4°. Il y a à la tête une
Epitre dedicatoire à *Robert*, Comte
d'*Essex*, dans laquelle l'Auteur dit
qu'il se disposoit à faire imprimer
*Defensio Romanorum & disputatio de
ipsorum justitia bellica*; mais *Wood* dit
qu'il ne sçait si cet ouvrage a paru.
Ne seroit-ce point celui qu'il publia
depuis *De Armis Romanis* ?

*Ad Joan. Rainoldum de Ludis Sce-
nicis Epistola dua. Middelb.* 1599. *in-*
4°. It. *Oxonii.* 1629. *in-*4°. A la suite
d'un Ouvrage Anglois intitulé : *Le*

*Renversement de Pieces de Theatre,
par une dispute entre Guillaume Gager
& Jean Rainold , où l'on refute toutes
les raisons qu'on peut apporter en leur
faveur.*

Discours des Mariages par Procureur,
(en Anglois) *Wood* , qui parle de
cet Ouvrage , n'en marque point la
date.

P. 31. *Robert Gentilis* , fils d'*Alberic* , a aussi son article dans l'*Athena
Oxonienses* tom. 2. p. 190. J'en transcrirai ici les principales particula-
rités.

Il naquit à *Londres* l'an 1590. fut
reçu Membre du College du *Corps
de Christ* à *Oxford* le 19. Avril 1599.
dans la neuviéme année de son âge,
passa ensuite à celui de *Jesus* , où il
fut fait Bachelier ès Arts au commencement de Juillet de l'an 1603.
fut transferé aussitôt après au College de *S. Jean* , & ensuite en 1607.
à celui de *toutes les Ames*. Il étudia
en Droit dans ce dernier , & s'y fit
recevoir Bachelier en cette Faculté le
16. Novembre 1612. Mais il donna
ensuite dans la debauche , & après
avoir mangé non seulement tout ce

que son pere lui avoit laissé , mais
encore tout ce qu'il put tirer de sa
mere, il alla voyager dans les Pays
étrangers.

A. GEN-TILIS.

Les reflexions que la misere lui
firent faire , le changerent peu à
peu ; & revenu en Angleterre , il y
mena une vie fort rangée & se donna de nouveau au travail. Il obtint
une pension du Roi, & traduisit en
Anglois quelques ouvrages écrits en
Italien, ou en François. Outre les
deux que j'ai marqués , & qu'il a
traduits de cette derniere langue , il
a traduit de la premiere les suivans,

L'Histoire de l'Inquisition,traduite de
l'Italien de Fra-Paolo. Londres. 1639.
in-4°,

Histoire des principaux Evenemens
de la Monarchie d'Espagne , & de la
revolte des Catalans , traduite de l'Ita-
lien de Virgilio Malvezzi. Londres
1639. *in-12.*

Considerations sur les vies d'Alci-
biade & de Coriolan , trad. de l'Italien
du même Malvezzi. Londres 1650.
in-12.

ULRIC DE HUTTEN.

U. DE HUTTEN. *P.* 262. N°. 1. ARs *verfificatoria. Parif. Robert. Stephanus.* 1526. *in-8°.* —— *Roberti Vallenfis Ruglenfis Commentarius in Artem Verfificatoriam Huld. Hutten. Parif.* 1541. *in-8°.*

P. 269. *N°.* 13. *Epiftola ad Biliba-dum Pirckheimerum, de vita fua ratio-ne. Augufta Vindel.* 1518. *in-4°.* Ce que j'ai dit après l'Auteur de fa vie, que cette lettre n'avoit été imprimée qu'en 1610. eft donc faux.

P. 284. *Dialogi: Fortuna, Febris prima; Febris fecunda, Trias Roma-na, Infpicientes. in-4°.* fans date. Mais la Preface de *Hutten* eft adreffée *ad Chunradum Epifcopum nuper factum Wiceburgenfem & Francorum Ducem, data ex fpecula Huttenica Steckelbergk. Cal. Januariis an.* 1520. Ce qui fait voir que cette édition a été faite cette année. Ainfi c'eft une faute d'avoir mis 1620.

SEBASTIEN LE NAIN
DE TILLEMONT.

P. 323. L'Histoire de *Tertullien* & d'*Origene* est d'un seul Auteur, savoir M. *Thomas du Fossé* qui a pris le nom supposé du sieur de *la Motte*. Cette histoire est en un seul volume *in-fol.* (M. l'Abbé *Goujet*.)

S. LE Na DE TILLE, MONT,

P. 324. Le traducteur de *S. Cyprien* est *M. Lombert*. (*Id.*)

M. *de Tillemont* est encore Auteur des Notes qui sont au bas de la Lettre de M. *Arnauld* contre le récit que fait *Hegesippe* de la mort de *S. Jaques* de *Jerusalem*. Cette Lettre & ces notes se trouvent à la p. 527. & suiv. du tome 8ᵉ. des Lettres de M. *Arnauld*. (*Id.*)

P. 326. *N°.* 4. L'Ouvrage cité ici est ainsi intitulé: *Lettre de M. le Nain de Tillemont au R. P. Armand Jean Bouthillier de Rancé Abbé de la Trappe, & les Reponses de cet Abbé : avec un discours preliminaire, des Eclaircissemens sur les faits qui y sont rapportés & plusieurs Lettres & pieces justific*

S. LE N. *catives. Nancy. Joseph Nicolai.* 1705.
DE TILLE-*in*-12. *pp.* 167. Ce doit être appa-
MONT. remment une nouvelle édition de
la Lettre marquée dans la *Republi-*
que des Lettres, où la citation de ce
livre n'eſt pas exacte. (M. l'Abbé
Goujet.)

P. 328. Le Secretaire de M. *de Til-*
lemont, qui eſt aujourd'hui Chanoine
de *Laval*, ſe nomme *Tronchay*, &
non pas *Tronchet*.

PIERRE CORNEILLE.

P. COR- *P.* 368. **I**L faut ſuppléer ici à ce
NEILLE. que j'ai mis touchant
les differentes pieces qui furent faites à l'occaſion du *Cid* de *Corneille.*

Scudery ayant publié en 1637. ſes
Obſervations ſur le Cid. in-8°, un Auteur anonyme y repondit par une
brochure *in*-8°. ſous ce titre : *la De-*
fenſe du Cid. Quelques-uns crurent
qu'elle étoit de *Corneille*, mais il
aſſura poſitivement le contraire dans
une courte reponſe qu'il fit lui-même, ſous le titre de *Lettre Apologeti-*
que du ſieur Corneille contenant ſa Re-
ponſe

ponfe aux obfervations faites par le fieur P. COR-
Scudery *fur le Cid.* 1637. *in-*8°. *pp.* 6. NEILLE.

Scudery pour y repliquer adreſſa
une *Lettre à l'Illuſtre Academie.* (C'eſt
à-dire l'Academie Françoiſe) *Pariſ.*
1637. *in-*8°. *pp.* 11. Il y invitoit
l'Academie à examiner la piece de
Corneille, & à lui rendre juſtice ſur
le procedé de ce Poëte, qui l'accu-
ſoit d'avoir cité à faux ; ce qu'il étoit
prêt de réſuter, comme il le fit ef-
fectivement dans un écrit intitulé:
*La preuve des Paſſages allegués dans les
obfervations fur le Cid. Paris* 1737. *in-*
8°. *pp.* 14.

Dans ces entrefaites il parut un
petit Ouvrage en faveur de *Corneille*
ſous ce titre : *La voix publique, à M.
de Scudery, fur les obfervations du Cid.*
*in-*8°. D'un autre côté un aſſez mauvais Poëte, nommé *Claveret*, irrité
de ce que *Corneille* dans ſa lettre A-
pologetique l'avoit cité d'une maniere mepriſante, en diſant à *Scu-*
*dery: Il n'a pas tenu à vous que du
premier lieu où beaucoup d'honnêtes gens
me placent, je ne fois defcendu au def-
fous de Claveret :* Ce poëte, disje,
publia une *Lettre au S^r. Corneille foy-*

difant Auteur du Cid. Paris 1637. *in-8*.
pp. 15. Il s'y deffend d'être l'Auteur
d'une petite piece de vers qui avoit
paru quelque temps auparavant *in-8°.*
fous ce titre : *L'Auteur du vrai Cid
Espagnol, à fon Traducteur François,
fur une Lettre en vers qu'il a fait imprimer, intitulée :* Excufe à Arifte ; *où
après cent traits de vanité, il dit de foy-
même ;*

*Je ne dois qu'à moi feul toute ma re-
nommée.*

Corneille oppofa à ces écrits une
Lettre qu'il intitula: *l'Amy du Cid, à
Claveret. in-8°.* & dans laquelle il
turlupina fort ce Poëte.

Rotrou fe mit alors fur les rangs,
& pretendit rendre juftice au merite
de M. *Scudery* & de M. *Corneill:* dans
une piece fort courte qu'il donna fous
ce titre : *L'inconnu & Veritable Ami
de Meffieurs de Scudery & Corneille.
in-8°. pp. 7.*

Mayret vint auffi à la traverfe, &
attaqua Corneille de gayeté de cœur,
en publiant une *Lettre à * * * fous le
nom d'Arifte. in-8°. pp.* 8. 'C'eft une
critique emportée, mais fort generale.

Corneille sans faire attention à l'é- P. COR-
crit de *Mayret*, continua ses turlu- NEILLE.
pinades contre *Claveret* par une Lettre qu'il intitula : *Reponse de ***
à *** sous le nom d'Ariste.* in-8°. Elle
fut suivie d'une seconde, qui parut
sous ce titre : *Lettre pour M. de Cor-*
neille, contre ces mots de la Lettre sous
le nom d'Ariste; Je fis donc resolution
de guerir ces Idolatres. in-8°.

On y a ajouté depuis une traduction de l'Epigramme 83 du liv. 9°.
de *Martial*, qui regarde *Claveret* seul.

> *Les vers de ce grand Cid que tout le*
> *monde admire,*
> *Charmans à les entendre, & char-*
> *mans à les lire,*
> *Un Poëte seulement les trouve irre-*
> *guliers :*
> *Corneille moque toi de sa jalouse en-*
> *vie.*
> *Quand le festin agrée à ceux que l'on*
> *convie*
> *Il importe fort peu qu'il plaise aux*
> *Cuisiniers.*

Ce dernier mot tombe sur *Claveret*,
qui étoit *Sommelier dans une mediocre*

Maison, comme *Corneille* le dit dans cette derniere lettre.

Mayret ne lâcha pas prise contre *Corneille*, il publia un *Discours à Cliton sur les Observations du Cid; avec un Traité de la disposition du Poeme Dramatique, & de la pretendue regle des vingt-quatre heures.* Paris in-8°. pp. 103. Il ne mit pas son nom à ce discours; mais il le mit à l'Ouvrage suivant, qui le suivit de près. *Epitre familiere du Sieur Mayret au Sieur Corneille sur la Tragi-Comedie du Cid.* Avec une *Reponse à l'Amy du Cid sur ses invectives contre le Sieur Claveret.* Paris. 1637. in-8°. pp. 38.

Un Auteur anonyme aussi peu ami de *Corneille*, que *Mayret*, composa alors *Le souhait du Cid en faveur de Scudery;* titre auquel il joignit cet autre surnumeraire: *Une Paire de Lunettes pour faire mieux ses observations.*

Corneille, sans se nommer, fit tomber toutes ces Critiques par une *Lettre du Desinteressé au Sieur Mayret,* in-8°. où il ne cesse point de bafouer le pauvre *Claveret.*

Il y a bien du verbiage & peu de solidité & de bonne critique dans toutes ces pieces. Une des meilleures, qui ait paru, est celle qui a pour titre : *Le Jugement du Cid , Composé par un Bourgeois de Paris , Marguillier de sa Paroisse.* in-8°. pp. 16.

FRANÇOIS GENET.

P. 398. ON pouvoit s'étendre F. GENET davantage sur cet Auteur. Par exemple, on dit qu'il fut arrêté & conduit à l'Isle de *Ré.* Mais il n'alla pas d'abord dans ce lieu. Il fut conduit premierement au *Saint-Esprit* , ensuite à *Nismes* , & de là dans l'Isle de *Ré.* (M. l'Abbé *Goujet.*)

P. 400. On parle d'une traduction de la *Morale de Grenoble* en Latin faite par l'Auteur même, & imprimée à *Paris* après sa mort & ensuite en Italie. Ne confond-t'on point ? Il est sûr que feu *Michel Morus* , mort Principal du College de *Navarre* à *Paris* , traduisit la *Morale de Grenoble* en Latin, étant à *Montefiascone* , où cette traduction fut imprimée, en 1702. & le Traducteur la dedia au Pape *Clement XI.* (*Id.*)

CHANGEMENS, CORRECTIONS
& *Additions.*

Pour le Tome seizième.

FREDERIC TAUBMAN.

**F. TAUB-
MAN.** *P. 6.* **O**N a recueilli une partie de ses saillies dans un ouvrage intitulé : *Taubmanniana. Lipsiæ* 1703. *in-8°.*

JEAN RENAUD DE SEGRAIS.

**J. R. DE
SEGRAIS.** *P.* 19. **C**'est en 1712. que sa traduction des Georgiques de *Virgile* a paru par les soins de M. *Parey sieur du Fresne.* (M. l'Abbé *Goujet.*)

BLAISE DE VIGENERE.

**B. DE VI-
GENERE.** *P.* 28. **L**A date de sa mort est marquée dans le Journal du

Regne de *Henri IV.* en ces termes. B. DE VI-

» Le Lundi 19 Février 1596. mou- GENERE.

» rut à *Paris* en fa maifon *Blaife de*

» *Vigenaire* âgé de 75 ans, d'une ma-

» ladie fort étrange. Car il lui fortit

» un Chancre du corps, qui lui gagna

» de telle façon la bouche, que non-

» obftant tous les remedes des Mede-

» cins & Chirurgiens, il demeura

» fuffoqué faute de refpiration. Il

» étoit homme très-docte, mais vi-

» cieux.

P. 37. *L'Aiguillon de l'Amour divin de S. Bonaventure traduit par Blaife de Vigenere. Paris* 1588. *in-*12. C'eft la premiere édition. It. *Lyon* 1600. *in-*16. It. *Avec le Mepris du Monde du même Saint, traduit par M. D'Efne. Douay.* 1605. *in-*12.

Les Lamentations de Jeremie en vers libres par le même de *Vigenere*, ont été imprimées, mais fans annota- tions à *Paris* en 1588. *in-*12.

ANTOINE VALLISNIERI.

P. 88. **A**Joutez à fes Ouvrages. A. VAL- Une Lettre Latine fur LISNIERI-

la voix des Eunuques, inferée dans
le 7e. tome de la *Bibliotheque Italique*
p. 124. Elle eſt datée de *Padoüe* le
1 Septembre 1729. & adreſſée à *Jaques Vernet*, qui l'avoit conſulté ſur
cette matiere.

JEAN ROTROU.

P. 97. A Joutez à ſes Ouvrages.
*L'Inconnu & veritable
Ami de Meſſieurs de Scudery & Corneille* (1631.) *in-8°. pp.* 7. J'ai parlé
de cet écrit ci-deſſus dans l'article
de *P. Corneille.*

CLEMENT MAROT.

P. 132. A Joutez aux Editions de
ſes Poëſies que j'ai mar-
quées, deux autres de l'an 1529. l'une
de *Lyon* chez *de Tournes in-8°.* l'autre de *Paris* chez *G. Corrozet. in-24.*

P. 143. Les Pſeaumes de *Marot*
ont été imprimés avec le Privilege
du 19 Octobre 1561, à *Lyon* en 1562.
in-16.

PHILIPPE GOIBAUD DU BOIS.

P. 167. ON donne à M. *du Bois* le Discours sur les Pen-
sées de M. *Pascal*, & celui sur les
Livres de *Moyse*. Mais un ami particulier de feu M. de *la Chaise*, Auteur de l'*Histoire de S. Louis*, m'a dit
que ces deux Discours étoient de cet
Historien. (M. l'Abbé *Goujet*.)

P. G. DU
BOIS.

THOMAS SYDENHAM.

P. 209. CEtte Methode a été tra-
N°. 1. duite en François par
M. *Devaux*, & imprimée avec sa traduction de l'*Abregé de toute la Mede-
cine pratique d'Allen*. Paris 1728. *in-*12.

T. SY-
DENHAM,

JEAN SECOND.

P. 242. AJoutez à ses Ouvrages.
Nænia in mortem V.
Cl. Thomæ Mori; *Autore Joanne Se-*
cundo, falsò antehac D. Erasmo Rote-

J. SE-
COND.

Tome XX. I

J. Se-   *scripta , ac deperdita edita. Lo-*
cund.   *vanii.* 1536. *Mense Decembri. in-4°.*
pp. 12. Cette piece de vers avoit déja été imprimée en Allemagne, mais
fort peu correcte, & on y avoit omis
plusieurs chofes. *Jean Second* n'avoit
pas voulu la publier, parce qu'il y
parle avec beaucoup de vivacité contre le Roy d'Angleterre *Henri VIII.*
C'eſt ſon frere *Adrien-Marius* qui
l'a fait imprimer.

NICOLAS GRUDIUS.

N. Gru- *P.* 265. **O**N voit par le Recüeil
dius.   de ſes Poefies, qu'il
avoit étudié en 1533. à *Boulogne* ſous
Romulo Amafeo, qui y enſeignoit les
langues Gréque & Latine, & qu'il
eut deux femmes; la premiere nommée *Anne Cobel de la Haye,* qui
mourut à *Guadalajara* en Eſpagne
l'an 1534. & la ſeconde appelle *Jean-*
ne Moys, qu'il vit auſſi mourir.

     J'ai une édition de ſes Poefies,
qui a pour titre.

     Poemata & effigies trium fratrum
Belgarum, Nicolai Grudii, Hadriani

Marii, Joannis Secundi. Ad Joannis N. Gru-
Secundi Regina Pecuniæ Regiam ac-dius.
cessit Luschi Antonii Vicentini Domus
Pudicitiæ & Dominici Lampsonii Brug.
Typus vitæ humanæ. Lugd. Bat. 1612.
in-8°. C'est *Bonaventure Vulcanius*
qui a eu soin de cette édition , dans
laquelle il n'y a de *Jean Second* que
Regina Pecunia Regia. Toutes les Poefies de *Grudius* n'y font pas non plus,
l'Editeur n'y ayant point fait entrer
celles que j'ai marquées aux 4 premiers *N°.* de son article.

FLAVIO BIONDO.

P. 279. ROma *Triumphans. Bri-* F. Bion-
xiæ. 1482. *in-fol.* do.
Roma inftaurata. Verona. 1482. *in-
fol.* Ces Editions font marquées par
Maittaire.

JEAN OWEN.

P. 301. LEs Epigrammes d'*Owen* J. Owen.
ont été auffi traduites
en Efpagnol : *Agudezas de Juan*

J. SE-
COND. adscripta, ac depravatissime edita. Lovanii. 1536. Mense Decembri. in-4°. pp. 12. Cette piece de vers avoit déja été imprimée en Allemagne, mais fort peu correcte, & on y avoit omis plusieurs choses. *Jean Second* n'avoit pas voulu la publier, parce qu'il y parle avec beaucoup de vivacité contre le Roy d'Angleterre *Henri VIII*. C'est son frere *Adrien-Marius* qui l'a fait imprimer.

NICOLAS GRUDIUS.

N. GRU-
DIUS. P. 265. ON voit par le Recueil de ses Poesies, qu'il avoit étudié en 1533. à *Boulogne* sous *Romulo Amaseo*, qui y enseignoit les langues Gréque & Latine, & qu'il eut deux femmes; la premiere nommée *Anne Cobel* de *la Haye*, qui mourut à *Guadalajara* en Espagne l'an 1534. & la seconde appelle *Jeanne Moys*, qu'il vit aussi mourir.

J'ai une édition de ses Poesies, qui a pour titre.

Poemata & effigies trium fratrum Belgarum, Nicolai Grudii, Hadriani

Marii, Joannis Secundi. Ad Joannis N. Gru-
Secundi Regina Pecunia Regiam ac-DIUS.
cessit Luschi Antonii Vicentini Domus
Pudicitia & Dominici Lampsonii Brug.
Typus vita humana. Lugd. Bat. 1612.
in-8°. C'est *Bonaventure Vulcanius*
qui a eu soin de cette édition, dans
laquelle il n'y a de *Jean Second* que
Regina Pecunia Regia. Toutes les Poesies de *Grudius* n'y sont pas non plus,
l'Editeur n'y ayant point fait entrer
celles que j'ai marquées aux 4 premiers *N°.* de son article.

FLAVIO BIONDO.

P. 279. R*Oma Triumphans. Bri-* F. Bion-
                xia. 1482. *in-fol.* DO.
Roma instaurata. Verone. 1482. *in-*
fol. Ces Editions sont marquées par
Maittaire.

JEAN OWEN.

P. 301. L Es Epigrammes d'*Owen* J.Owen.
              ont été aussi traduites
en Espagnol : *Agudezas de Juan*

Owen traduzidas por Fr. de la Torre.
Madrit. 1674. & 1682. in-4°. 2 vol.

ONUPHRE PANVINI.

O. PAN-
VINI.

P. 335.
N°. 10.

Opuscule d'Onuphrius Pan-
vinius, de l'honneur fait
par les anciens & premiers Chrétiens
aux Corps Saints & Reliques des Mar-
tyrs, & de leurs Cimetieres. Arras.
1613. in-8°.

PHILIPPE SYLVESTRE
DU FOUR.

P. S. DU
FOUR.

P. 364.
N°. 9.

Traitez nouveaux &c. La
1r°. édition est de l'an
1674. Celle de 1684. est augmentée
considerablement par *du Four* lui
même. C'elle de *la Haye* l'est aussi,
mais par une autre main. (M. l'Abbé *Goujet*.)

BALTHASAR BONIFACIO.

P. 374. AJoutez à ses Ouvrages, *Musarum liber XXV.* **B. BONI-** *Urania ad Dn. Molinum cum 21. fig.* **FACIO.** *emblematicis curiosis. Venetiis.* 1628. *in-4°.*

Lettere Poetiche. In Venetia. 1622. *in-4°.*

JOACHIM DU BELLAY.

P. 394. AJoutez au Catalogue de **J. DU** ses Ouvrages les Edi-**BELLAY.** tions suivantes.

Amplissimi cujusdam viri Epistola ad Franciscum Lotharingium Ducem Gui-siarum, cui addita est Elegia Joachimi Bellaii, cum aliquot ejusdem Epigrammatis. Parif. 1558. *in-4°.*

Joachimi Bellaii Poematum libri quatuor, quibus continentur Elegia, Amores, varia Epigrammata, Tumuli. Parif. 1558. *in-4°.*

Le premier livre des Antiquités de Rome, & un songe sur le même sujet.

J. DU
BELLAY.
Paris 1558. *in-4°. It. Paris* 1662. *in-4°.*

Tumulus Henrici II. per Joa. Bellaium; Idem Gàllice totidem versibus expressus per eundem. Accessu & ejusdem Elegia. Paris. 1559. *in-4°. It. Ibid.* 1561. *in-4°.*

Les Regrets & autres Oeuvres Poetiques de Joachim du Bellay. Paris 1559. *in-4°. It. Ibid.* 1565. *in-4°.*

Entreprise du Roy-Dauphin pour le Tournoy. Paris 1559. *in-4°.*

Hymne au Roy sur la prise de Calais. Paris 1559. *in-4°.*

Discours au Roy sur la Treve de l'an 1555. *Paris* 1559. *in-4°.*

Divers jeux rustiques & autres œuvres Poetiques de Joachim du Bellay. Paris 1560. *in-4°.*

La défense & illustration de la langue Françoise; avec l'Olive, la Musagnæomachie, l'Anterotique, Vers Lyriques &c. Paris 1561. *in-4°.*

La Monomachie de David & Goliath, avec plusieurs autres Oeuvres Poetiques. Paris 1561. *in-4°.*

Le 4e. *&* 5e. *Livres de l'Eneide de Virgile, avec la Complainte de Didon à Ente prise d'Ovide, la mort de Palinure du* 5e. *de l'Eneide, l'Adieu aux*

Muse du Latin de Buccanan, trad. en   J. DU

Franç. par Joachim du Bellay. Paris BELLAY.

1561. in-4°.

Epithalame sur le Mariage de Phi-
libert Emmanuel Duc de Savoye &
Marguerite de France Duchesse de Ber-
ry; & entreprise du Roy-Dauphin pour
le Tournoy. Paris 1561. in-4°.

Recueil de Poësie. Paris 1561. in-4°.

Ode sur la Naissance du petit Duc
de Beaumont. Paris 1561. in-4°.

P. 400. On a dit que ses Poësies
Latines sont contenues dans le Recueil imprimé en 1569. in-4°. chez
Fred. Morel sous ce titre : *Xenia &*
alia carmina. Cela n'est pas exact, le
volume *in-4°.* imprimé en 1569. chez
Frederic Morel ne contient que *Xe-*
nia, seu illustrium querundam Nomi-
num allusiones. Avec une Elegie *ad*
Janum Morellum.

CHANGEMENS , CORRECTIONS & *Additions.*

Pour le Tome dix-septiéme.

HENRI CORNEILLE AGRIPPA.

H. C. A-GRIPPA. *P.* 17. ON pouvoit nommer celui à qui il a écrit sa Letre du 21. Octobre 1526. C'est Jean Chapelain , *Physicien* , ou *Medecin de François I.* (M. l'Abbé Gonjet.)

P. 20. Il y a une autre édition de la traduction de *Turquet*, qui a pour titre : *Paradoxes sur l'incertitude , vanité & abus des Sciences &c.* 1605. in 12. sans nom de lieu.

P. 26. Le Traducteur du petit Traité d'*Agrippa , de la Grandeur & Excellence des Femmes au-dessus des Hommes,* imprimé en François en 1713. à *Paris* chez *Babuty*, est M. d'*Arnaudin*, neveu du Docteur de ce nom , mort avant l'âge de 28 ans ; il étoit dans l'Etat Ecclesiastique, son

oncle eſt mort depuis Chanoine du H. C. A:
S. Sepulchre à *Paris.* (M. l'Abbé GRIPPA.
Goujet.)

P. 30. Aprés ces mots (ligne 2.)
qui ne font point parmi ſes œuvres im-
primées , on peut ajouter. Il avoit encore promis un Commentaire ſur
ſes livres de la Philoſophie occulte ;
un Traité de la Pyromachie, qu'il
dit dans une lettre du 10. Octobre
1526. & dans la dedicace de ſon livre
de la vanité des Sciences, avoir fort
avancé. *Jean Roger* dans une Lettre
écrite à *Agrippa* en 1526. parle auſſi
d'un Traité de la Steganographie de
cet Auteur. (*Id.*)

P. 32. Ajoutez à céux qui ont
parlé d'*Agrippa* J. G. *Schelhorn* dans
ſes *Amœnitates Litterariæ* Tom. 2. p.
554. On y trouve une longue vie
d'*Agrippa*, qui ſert de ſupplement
à ce que *Bayle* a omis touchant cet
Auteur, ou à ce qu'il n'a touché que
legerement.

CHRISTOPHE DE LONGUEIL.

C. DE LON-GUEIL.

P. 38. CE n'eſt point en 1532, qu'il eſt mort, comme on a mis par inadvertance, mais en 1522.

GILBERT DE LONGUEIL.

G. DE LON-GUEIL.

P. 45. *N°.* 8. LE Concile de *Nicée* dont il eſt parlé ici, eſt le ſecond de cette ville, & le 7e. Oecumenique.

DENIS GODEFROY.

D. Go-DEFROY.

P. 50. ON a omis une circonſtance, qui meritoit d'être rapportée; c'eſt qu'en 1618. l'Electeur Palatin l'envoya à *Louis XIII.* qui lui donna de grandes marques d'eſtime, & lui fit preſent de ſon portrait & d'une Medaille d'or. (M. l'Abbé *Goujet.*)

JEAN SAVARON.

P. 87. ON met la premiere édi-   J. SA-
tion qu'il a donnée de VARON.
Sidonius Apollinaris en 1608. *in-8°.*
J'en ai une revue & corrigée par ce
Savant, qui est de l'an 1598. *in-8°* à
Paris chez *Adrien Perier, dans la Bou-
tique de Plantin.* Cette édition est
sans notes. (M. l'Abbé *Goujet.*)

FRANÇOIS GUICHARDIN.

P. 106. ON pouvoit ajouter à   F. GUI-
ce qu'on dit de l'Hi- CHARDIN.
stoire de *Guichardin,* que *Jean-Baptiste
Adriani* son Concitoyen l'a conti-
nuée depuis 1536. jusqu'en 1574. en
Italien 2 *vol. in-4°.* Cette continuation est estimée. (*Id.*)

JAQUES SIRMOND.

P. 155. DU *Maurier* dans ses   J. SIR-
Memoires de Hollande MOND.

J. SIR-
MOND.
p. 437. parle ainsi du *P. Sirmond* :
» M. *Grotius* m'a dit avoir oui assu-
» rer au *P. Sirmond*, qu'il étoit allé
» à *Rome* grand Ligueur , mais
» qu'ayant appris là les artifices de la
» Ligue , il en étoit revenu Roya-
» liste.

GENTIEN HERVET.

G. HER-
VET.
P. 189. ON a omis qu'il fut
Grand Vicaire de *Jean*
de Hangest Evêque de *Noyon* , & de
Jean de Morvilliers Evêque d'*Orleans*.

JAQUES PHILIPPE FORESTA.

J. P. FO-
RESTA.
P. 221. ON met une édition de
sa Chronique à *Nu-*
remberg en 1593. Il faut mettre 1493.

JEAN BARCLAY.

J. BAR-
CLAY.
P. 296. L'*Argenis de Barclay. Tra-*
duction nouvelle. Par M.
l'Abbé Josse, Chanoine de Chartres.

Chartres 1732. *in-*12. *3 volumes.* L'Au- **J. BAR-**
teur de l'*Argenis*, au jugement de **CLAY.**
M. *Joffe*, doit tenir parmi les Ro-
manciers le rang que *Tacite* tient parmi les Historiens. On trouve selon
lui, dans *Barclay*, comme dans *Ta-
citée* ce tour vif & sensé, qui fait entendre plus de choses qu'il ne dit;
on y remarque encore la même sagacité à penetrer dans le cœur des
hommes, la même force à peindre
leurs vices, & la même habileté à
developper les intrigues d'un cœur
ambitieux & corrompu. On ne peut
douter que ce Roman ne soit allego-
rique. L'Auteur, témoin des horreurs
de la Ligue, & vivement penetré
des maux qu'elle avoit causés à la
France, entreprit cet ouvrage pour
détromper la multitude toujours dis-
posée à se declarer en faveur de ceux
qui sous le voile de la Religion, ou
le pretexte ordinaire du bien public,
sacrifient le repos de leur Patrie à
leur haine ou à leur ambition. Mais
dans la crainte de se rendre odieux,
& par consequent inutile à ceux là
même qu'il vouloit instruire, il a
caché son veritable dessein sous l'en-

J. BAR- veloppe d'une fable ingenieuse, rem-
CLAY. plie d'évenemens extraordinaires ;
de guerres interessantes, d'amours
heroiques, & soutenue par une nar-
ration embellie de frequentes descriptions & de differens morceaux
de Poësie. Ce même motif l'a obligé
de charger ses portraits de maniere,
qu'il s'y rencontre plusieurs traits
qui ne ressemblent point, & qui ne
peuvent convenir à la plûpart de
ceux d'après qui il les a tirés. On lui
a reproché la dureté & l'affectation
de son stile, mais ces défauts ne se
trouvent point dans la traduction
de M. *Joße*, dont le stile est vif &
elegant.

P. 298. Le *P. le Cerf*, dans la défense de sa Bibliotheque a corrigé
ainsi ce que j'ai rapporté de cette Bibliotheque. » En 1669. le *P. Bugnot*
» publia le second volume de *l'Ar-
» genis* de *Barclay*. Il ne le commen-
» ta pas, ainsi qu'avoit fait l'Editeur
du premier volume.

❖❖❖❖❖❖❖❖❖❖❖❖❖❖❖❖❖

CHANGEMENS, CORRECTIONS
& Additions.

Pour le Tome dixhuitième.

JEAN RACINE.

P. 30. ON a oublié fa traduction en vers François du *San-tolius Pœmitens.* Elle fe trouve dans le 2ᵉ. volume des Oeuvres de M. de *Santeuil* p. 301. de l'Edition de 1729. Cette piece a été auffi traduite par l'Abbé *Faydit*, & fa traduction fe trouve au même endroit. (M. l'Abbé *Goujet.*)

ANTOINE GODEAU.

P. 86. CEt Ouvrage fut fait à **Nº. 46.** l'occafion de la Paix des Pyrenées. La 2ᵉ. édition qui eft de l'an 1698. & non 1697. fut donnée à l'occafion d'une autre Paix faite alors recemment. (M. l'Abbé *Goujet.*)

'A. GO-
DEAU.

P. 88. La *Morale Chrétienne* fut composée en 1686. & achevée en 1687. L'intention de M. *Godeau* étoit d'opposer ce corps de Morale, à celle qui avoit été inserée dans l'Apologie des Casuistes, qui venoit d'être condamnée, & dans plusieurs autres Ecrits semblables. Mais cet Ouvrage étoit très imparfait, lorsqu'il sortit des mains de l'Auteur, & il fut remis entre celles de M. *Arnauld*, qui y fit un grand nombre de corrections & de changemens, comme il le dit lui-même dans plusieurs de ses Lettres tome 5e. du Recueil en 8 vol. & sur tout dans la 369e. qui est toute entiere sur ce sujet. Cette morale a eu dans la suite d'autres Examinateurs, avant que d'être donnée au Public. J'ai les corrections que M. l'Evêque de *Sisteron* donna en 1708. pour l'usage de son Diocese. Elles sont plus severes que celles qui furent faites vers le même temps par plusieurs Docteurs de Sorbonne, que le feu Roi avoit nommés pour l'examen & la correction de cette morale. Enfin c'est après avoir été bien des fois retouchée &

rema=

remaniée, que cet Ouvrage a vû le
jour en 1709. (*Id.*)

N°. 55. L'*Abregé des Maximes*
&c. n'a point été traduit par M. *Go‑
deau* Evêque de *Vence*, mais par M.
Godeau, ancien Recteur de l'Uni‑
versité de *Paris*, qui est actuelle‑
ment Curé de *S. Cosme*. Il y a, à la
verité à la tête l'Eloge de D. *Barthe‑
lemi des Martyrs*, par M. *Godeau* Evê‑
que de *Vence*; mais c'est tout ce qu'il
y a de lui. M. l'Abbé d'*Olivet* y a
été trompé le premier.

ISAAC CASAUBON.

P. 137. L'Edition des Caracteres
de *Theophraste* de l'an
1612. n'est pas la seconde, mais la
troisiéme, comme porte le titre.

P. 138. N°. 12. L'Edition de *Sue‑
tone* que j'ai rapportée à l'an 1595. est
de 1596.

'ANDRE' VALLADIER.

P. 157. **M**L'Abbé *Goujet*, Chanoine de *S. Jaques de
l'Hopital*, m'a écrit à l'occasion de
cet Article, une Letre, qui renferme des chofes fi curieufes & fi
intereſſantes, que je l'inſererai ici en
ſon entier. Voici la maniere dont
s'exprime ce ſavant Abbé.

Vous avez, dites vous, donné cet
'Article tel que vous l'avés reçu;
mais comme vous l'avez adopté, &
que d'ailleurs je n'ai point l'honneur
de connoître celui qui vous l'a cóm-
muniqué, vous ne trouverez pas
mauvais que je vous adreſſe à vous-
même mes remarques.

Il y a dans cet article 1°. des omiſ-
fions très-confiderables. 2°. des fautes contre la verité de l'hiftoire. Les
unes & les autres viennent de ce
qu'on n'a pas eu le foin de confui-
ter les ouvrages de celui dont on
avoit entrepris de parler, & en particulier *la Tyrannomanie étrangere*,
où l'Auteur entre dans le détail de

ce qui le regarde. Je supplérai aux
omiſſions, & je corrigerai les fautes, au moins en partie, en ſuivant
l'ordre de l'article de *Valladier*, tel
que vous le rapportez, conformement au Memoire qui vous a été envoyé.

1°. Vous le dites (*p.* 158.) né à
Saint-Pal. Valladier marque lui même le lieu de ſa naiſſance, ſans le
nommer neanmoins, lorſqu'il dit
p. 21. de ſa *Tyrannomanie*, que le
P. *Cotton*, Jeſuite, étoit de *Montbriſon* en Foreſt à trois ou quatre
lieues du lieu où lui-même étoit né.
Reſte à examiner ſi *Saint-Pal* quadre
avec ce recit. (*Il quadre, puiſqu'il eſt
ſitué à cette diſtance de Montbriſon.*)

2°. Vous dites qu'il fit une partie
de ſes études à *Lion.* Il dit lui même
p. 29. du même ouvrage, qui ſera
toujours mon garant, *qu'il avoit fait
ſes premieres études à Billon,* ville
d'Auvergne; & p. 16. parlant du
temps de ſa premiere jeuneſſe, il dit
qu'il a fait un long ſejour à *Avignon,
qu'il a cultivé cette ville de ſes Poeſies,
de ſes lectures, de ſes harangues, de ſes
predications;* qu'il y a connu particu-

lierement le célebre *Genebrard*, qui
n'étoit plus à *Avignon* dès la fin de
1596. au plus tard. En fuppofant avec
vous *Valladier* né vers 1570. il n'a-
voit pas encore 26 ans, lorfque *Genebrard* fut contraint de fe retirer
d'*Avignon*, où il s'étoit refugié. De
ces 26 ans *Valladier* en avoit paffé
une partie à *Billom* pour y faire fes
premieres études ; il avoit depuis
cultivé *Avignon* de fes *Poëfies*, de fes
lectures &c. avant même que d'y connoître *Génebrard*, qui lui donna fon
amitié, malgré fa jeuneffe, à caufe
de la beauté de fon efprit; & il eft certain que *Valladier* profeffoit déja les
Humanitez à *Avignon* en 1590. &
qu'il y eut vers le même temps pour
difciple M. *Peiresc*, devenu depuis fi
célebre, comme le rapporte *Gaffendi*
p. 20. de la vie de ce favant, de l'E-
dition de *Cramoifi* in-4°. 1641. Dans
quel intervalle voulez vous que *Valladier* ait été faire une partie de fes
études à *Lion*. Auffi dans la defcrip-
tion, pour ainfi dire, qu'il nous fait
de fes differentes habitations fuccef-
fives, & de l'ordre qu'il y a gardé,
Lion ne vient il qu'affez tard ; car il

paroît qu'il y ait la pour la première A V
fois au fortir d'*Avignon*, encore ROLADIN
fit-il alors qu'y passer.

3°. Vous ajoutez que fes parens
voyant les progrès qu'il avoit fait
dans fes études, n'épargnerent rien
pour fon éducation, & qu'ils l'en-
voyent à *Paris*, où il fe fit bientôt
connoître, quoique jeune, par des
fermons &c. Il femble, felon ce recit, qu'au fortir de fes études, il
foit venu à *Paris*. Vous avez vû le
contraire. De *Billon* il alla à *Avignon*,
où il fit un long fejour. Il die lui-
même qu'il y demeura huit ou neuf
ans de fuite. Il n'attendit point qu'il
fût à *Paris* pour prêcher; il n'auroit
pas exercé le miniftere de la Predi-
cation bien jeune, comme vous le
dires: on le vit dès *Avignon*, fre-
quenter les Chaires, & comme il le
dit lui-même p. 16. & fuiv. prêcher
avec applaudiffement, gagner par fes
difcours & fes Poefies l'affection de
la ville d'*Avignon*, qu'il appelle au
même lieu *fa très-chere Cité*. Après
un féjour de huit à neuf ans de fuite
à *Avignon*, il fit bien des courfes
avant que de venir à *Paris*, où l'on

A. VAL-le vit au plûtôt en 1606. âge d'envi-
LADIER. ron 36 ans.

Mais 4°. Avant que de le faire
sortir d'*Avignon*, trouvez bon que je
supplée à une omission considerable,
que l'Auteur de cet Article a faite.
C'est que *Valladier* a été 23 ans Jesuite, & que l'on n'y dit pas seulement qu'il l'ait été. Je vous renvoye
pour la preuve au premier livre &
aux suivans de la *Tyrannomanie*. Vous
y verrez dès la page 16. qu'il *a con-*
versé à Avignon sous la regle & le dra-
peau de la Compagnie de Jesus ; & ailleurs *qu'il sortit de la Societé au mois*
de Juillet 1608. *après y avoir demeuré*
23 *ans.* Cette omission en a entrainé
plusieurs autres, ausquelles le recit
suivant va suppléer.

L'estime generale que *Valladier*
s'étoit acquise dans *Avignon*, & l'a-
mitié même dont on lui donnoit
frequemment des marques exterieu-
res exciterent la jalousie du P. Recteur de la maison où il demeuroit, & l'aigrirent vivement contre
lui. *Valladier* y resista pendant quelque temps, & l'affection qu'il avoit
pour *Avignon*, & que cette ville

avoit pour lui, l'y retint malgré cette A. VAL-
tempeſte ; mais enfin il fallut y CE LADIER.
der.

Contraint d'abandonner *ſa très-
chere Cité*, il alla à *Lyon*, où il ne
fit preſque que paſſer. De là il ſe ren-
dit à *Moulins*, où il fut envoyé, pour
y *jetter*, dit-il, *les premieres pierres
d'un College*. De *Moulins* il paſſa à
Dijon, où il fit un ſejour aſſés long.
Il y prêcha longtemps à la Sainte
Chapelle, & y eut une conference
avec le Miniſtre *Caſſegrain*, devant
une nombreuſe & reſpectable aſſem-
blée, qui fut témoin de la ſcience
Theologique & de l'éloquence de
Valladier, & de la defaite du Miniſtre Proteſtant.

Je ne ſai combien il demeura à
Dijon, mais il y demeura longtemps,
c'eſt lui même qui le dit, & on doit
l'en croire. Or ce ne fut qu'aprés ce
long ſejour qu'il retourna à *Lyon*, non
pour n'y faire que paſſer, comme la
premiere fois, mais pour y demeurer quelque temps, & y travailler.

Sa premiere occupation fut d'y
compoſer en Latin une Apologie
pour les Jeſuites, où *Expoſtulatio*

Apologetique pour la défense de ces Peres (contre le *Catechisme des Jesuites*, & un autre ouvrage intitulé: *Ingenua & vera Oratio &c.*) qui fut imprimée au même lieu chez *Cardon* avant l'an 1606, puisque ce fut en partie, par ce qu'on en trouva la Latinité belle, que *Henri IV*. le fit mander vers la fin de 1605. pour venir travailler aux Annales de son Regne. On n'a point parlé de cette Apologie dans le Catalogue que l'on a donné des Ouvrages de *Valladier* à la fin de son Article.

Lorsque cet ouvrage, qu'il avoit entrepris par l'ordre de son General, eut été achevé; maître de son temps, il l'employa, comme il avoit fait jusqu'alors, à exercer le ministere de la parole, pour lequel il paroît qu'il avoit beaucoup d'attrait & de talent pour son siecle. Il expliqua les Epitres de *S. Paul*, & prêcha ensuite Avent & Carême, jusqu'à ce que *Henri IV*. eût ordonné au *P. Cotton* de le faire venir à *Paris*, pour y prêcher dans l'Eglise de Nôtre-Dame, & écrire les Annales de son Regne, comme je l'ai déja dit.

Le

Le *P. Cotton*, qui avoit une grande   A. VAL-
affection pour *Valladier*, & qui avoit   LADIER.
eu lieu de connoître ses talens, obéit
avec joye aux ordres du Prince ;
mais un interest particulier en retar-
da assés longtemps l'exécution. Le
Superieur de la Maison, où *Valladier*
demeuroit à *Lyon*, comptant lui-
même s'avancer à la Cour, vit avec
peine que l'on pensoit à un autre.
Il supprima les lettres du *P. Cotton*,
& *Valladier* n'en eut connoissance
que quelque temps après par le
moien de l'Archevêque de *Vienne*,
& du President *de Villars*, frere de
ce Prelat, à qui le *P. Cotton* avoit
écrit pareillement les intentions de
Henri IV. & qui ignorant ce que le
Superieur de *Lyon* avoit fait, firent
à *Valladier* quelques reproches, de
ce qu'il tardoit si longtemps à repon-
dre aux Lettres du Confesseur du
Roy. *Valladier* encore plus Surpris,
& se doutant bien que son superieur,
dont il avoit penetré les intentions,
avoit supprimé ces lettres, l'alla
trouver, lui parla avec force, & s'at-
tira par-là une persecution assez
vive, qui le conduisit enfin à une

A. VAL-sortie de la Compagnie : Mais éet
LADIER. orage ne s'éleva que par degrés. D'a-
bord *Valladier* accablé de chagrin ,
& succombant sous le poids de ses
occupations , tomba malade. On jugea qu'il falloit qu'il abandonnât le
travail , & qu'il allât respirer son air
natal. Il le fit , sa santé revint , & il
en donna avis à son Superieur de
Lyon. Mais celui-ci , qui n'étoit pas
fâché de le voir éloigné , loin de
lui accorder la liberté de revenir ,
ne lui fit même aucune reponse.

Valladier s'en consola du mieux
qu'il put , & se retira pour quelque
temps à *Billon*, d'où il alloit prêcher
à *Riom* , à *Clermont* , à *Issoire* , à *Sau-
xillanges* , & ailleurs.

Le Superieur de *Lyon* profitant de
cette longue absence écrivit au P.
Richeome , qui étoit alors Provincial,
que *Valladier* avoit quitté la Compagnie , & qu'il erroit dans l'Auvergne. Le Provincial étonné de cette nouvelle , & ne pouvant la croire
vraie , vient à *Billon* , trouve le contraire de ce qu'on lui a marqué , dé-
couvre tout le mystere , & en attendant qu'il puisse faire rendre justice

à-son ami, il l'envoye au collège du
Puy, *afin qu'il fût plus proche du lieu*
de sa naissance. Cependant le Superieur de *Lyon* prenant les sentimens
qu'il auroit voulu voir dans *Valla-*
dier, contrefait l'écriture de celui-ci,
parle en son nom, & lui fait dire
entr'autres choses, dans une lettre
qu'il feint lui être adressée, qu'il ne
peut plus vivre dans la Societé, &
qu'il s'en retire. Il montre ensuite
cette fausse lettre au P. *Richeome*,
qui la croyant vraie, y fait une reponse assés vive, qu'il envoye à *Val-*
ladier même.

Celui-ci connoissant par-là qu'il
n'étoit pas à la fin des contradictions
qu'on lui preparoit, resolut d'y mettre fin lui-même, en sortant réellement de la Societé. Suivant cette resolution, il viene à *Paris*, voit le
P. *Cotton*, prend ses avis & des re-
commendations, arrive à *Dijon* au
mois de Décembre 1607, en part à
la fin de Fevrier 1608, prend le chemin de *Rome*, où il arrive le second
Dimanche de Carême de la même
année; & sans perdre de temps il va
communiquer son dessein & ses me-

A. VAL- tifs à fon General *Claude Aquaviva.*
LADIER. Ce Pere l'écoute, defapprouve la
conduite du Superieur de *Lyon*, tâche
de le confoler, veut le retenir dans
la Compagnie, & même à *Rome*, &
le prie de fe charger de continuer
l'Histoire de la Societé commencée par
Orlandiu.

Valladier confent à demeurer Jefuite, à condition qu'on le renvoye-
roit dans fa Province, & que l'on
puniroit ceux qui l'avoient perfecu-
té. Ces deux propofitions furent exa-
minées dans plufieurs conferences,
La premiere ne trouva pas de grands
obftacles; mais le General n'ayant
pas voulu confentir à la feconde,
Valladier fe pourvut devant le Pape
Paul V. qui renvoya fon affaire devant les Cardinaux *Seraphin*, & *de*
Givry, qui le fervirent felon fes de-
firs. Il eut encore deux autres au-
diences du Pape, qui le reçut toujours avec bonté, & qui l'écouta
avec attention. Avant la feconde il
lui fit expedier des lettres de Proto-
notaire Apoftolique, & dans la feconde il lui permit, & lui confeilla
même de quitter la Societé.

Valladier demandoit au General des Lettres patentes qui le déchárgeaffent de tout engagement envers elle. *Paul V.* à qui il fit part de cette demande dans la seconde audience, lui dit de dreffer lui-même ces Lettres ; ce qu'il fit. Elles font fort honorables pour *Valladier*, qui fortit ainfi de la Compagnie de *Jefus* au mois de Juillet 1608. après y avoir été 23 ans, ainfi que je l'ai dit.

Il ne demeura pas longtemps à *Rome* après cette fortie ; car il étoit de retour à *Paris* à la fin de Septembre de la même année, & dès 1609. il y prêcha l'Avent & le Carême dans les meilleures Chaires de cette ville.

Dès le mois d'Octobre 1608. il fut prefenté au Roi *Henri IV.* qui lui fit beaucoup d'accueil, & commanda qu'on lui expediât des Lettres de retenue de Predicateur ordinaire du Roy, & en attendant, il voulut que les gages attachés à cette fonction lui fuffent payés auffitôt après l'expedition de fes Lettres, qui font du 26 Octobre 1608. *Valladier* prêta ferment le 27 Mai de l'année fuivante. Il fut employé en même

temps fur l'Etat en qualité d'Aumôf-
nier, titre qui étoit inseparable de
la qualité de Predicateur ordinaire
du Roy.

Vers le même temps le Cardinal
de Givry, qu'il avoit connu à *Rome*,
& qui s'y étoit declaré fon Protecteur, revint à *Paris*; & comme il
avoit été nommé à l'Evêché de *Mets*,
pour lequel il fe difpofoit de par-
tir, il jetta les yeux fur *Valladier*
pour en faire fon grand Vicaire, &
en demanda l'agrément au Roi. *Valladier*, pour qui ce parti n'avoit pas
beaucoup d'attrait, & qui auroit
beaucoup mieux aimé s'attacher du
Cardinal *de Joyeufe*, qui d'ailleurs
l'en preffoit fortement, fit nâître
plufieurs obftacles, pour empêcher
l'Evêque de *Mets* de réuffit; mais
ce Prelat follicita fi vivement *Henri
IV*. que ce Prince ordonna à *Valladier* de fuivre l'Evêque à *Mets*. Il
fallut donc obeir, & *Valladier* étoit
déja en cette ville en 1609. puifqu'il
y prêcha une Octave du S. Sacrement.

Il revint l'année fuivante à *Paris*,
mais feulement pour y prêcher le Ca-

tême à *S. Paul*, & il nous affure p. A. V E-
82. de fa *Tyrannomanie*, que *Henri* LADIER
IV. venoit de le defigner pour l'E-
vêché de *Toul*, lorfque ce Prince fut
tué en 1610. *Valladier* fut chargé d'en
prononcer l'Oraifon funebre, qui a
été imprimée ; on l'a encore oubliée
parmi fes Ouvrages.

L'année fuivante il fut fait Chanoine & Primicier, ou Princier (c'eft
le terme) de l'Eglife de *Mets*, fur les
inftantes demandes que *Louis XIII*.
en fit au Pape : *Valladier* avoit eu
ordre de fe trouver au Sacre de ce
Prince ; il y avoit affifté en effet, &
il y auroit même prêché, fi la foule
de ceux qui étoient dans l'Eglife ne
l'eût empêché de parvenir jufqu'à
la chaire.

Comparez maintenant ce recit,
M. R. P. avec ce que dit l'Auteur de
l'Article, que vous avez inferé dans
vos Memoires. Vous verrez. 1°. Qu'il
n'a pas dit un mot de tout ce que je
viens de dire, & que j'ai tiré des
Ecrits même de *Valladier*. Cependant ces faits & ces circonftances ne
devoient pas s'omettre. 2°. Qu'il faut
abandonner tout ce que l'Article dit

L iiij

A. VAL- qu'il fit une partie de ses études à
LADIER. *Lyon* ; qu'il vint aussitôt après à *Pa-*
ris ; que ce fut là qu'il commença à
connoître le Cardinal *de Giory* ; que
comme *Valladier* lui étoit fort atta-
ché, il ne put refuser la qualité de
son Vicaire General &c.

Permettez-moi d'examiner maintenant ce qui est dit dans le même
article de la Nomination de *Valladier*
à l'Abbaye de *S. Arnoul* de *Mets* ;
& des contestations qu'il eut à essuyer
à cette occasion.

Je conviens avec vous que *Valla-*
dier fut appellé à cette Abbaye par
l'élection des Religieux, faite capitu-
lairement après la mort du dernier
possesseur, *Charles de Senneton*, arrivée le 28 *Juin* 1611. date que l'on a
omise. Je conviens encore que *Louis*
XIII. confirma cette élection par un
Arrêt de son Conseil privé. On pouvoit ajouter que cet Arrêt avoit été
donné le 14 *Février* 1612. plus de sept
mois après l'élection du nouvel Abbé, parce que *Louis XIII.* fit d'abord
bien des difficultés pour confirmer
cette élection ; mais ces circonstances sont peu considerables, celles

qui suivent le font davantage.

Cet obstacle levé, dit on, il en
furvint un autre. Le Cardinal de *la
Rochefoucault* avoit obtenu des Pro-
vifions en cour de Rome de l'Abbaye
de *S. Arnoul*, &c.

1°. *Valladier* jouit paifiblement de
fon Abbaye pendant près de deux
ans. 2°. Ce n'étoient point des Pro-
vifions de l'Abbaye, que *François
de la Rochefoucault* avoit obtenues,
mais une penfion de deux mille livres fur cette Abbaye, par une Bulle
de *Paul V.* donnée le 5. Novembre
1613. Il eft dit feulement à la fin de
cette *Bulle de Reſerve*, que fi l'Abbé
de *S. Arnoul* vient à être privé de
l'Abbaye, il fera *loifible* au Cardinal,
de prendre *poſſeſſion réelle, actuelle,
& corporelle du regime & adminiſtra-
tion d'icelle, par lui ou autre en fon
nom. Valladier* trouva cette Bulle contraire à fes droits, & il y eut fur cela une confultation des Docteurs,
qui declarerent que la penfion étoit
nulle. Muni de cette Confultation,
Valladier forma oppofition pour empêcher l'effet de cette Bulle, & le
Cardinal de fon côté fit faifir les

revenus de l'Abbaye. Cette conte-
station fut vive & longue. L'Abbé
& les Fermiers ayant presenté deux
Requêtes, obtinrent enfin une main-
levée de la saisie. » Sur ce intervint
» Arrêt contradictoire avec le Cardi-
» nal, de main-levée des deux tiers
» seulement de l'Abbaye, la saisie
» tenant sur l'autre tiers. Cet Arrêt
» est du 5 Decembre 1614.

Peu de temps après le Cardinal
fut débouté entierement de ses demandes & privé de sa pension, suivant l'avis des Commissaires nommés par le Conseil. Mais au mois
de Janvier 1617. par l'entremise du
Cardinal *Ubaldini*, Nonce du Pape,
Valladier consentit à la pension aux
conditions suivantes. 1°. Que le Cardinal de *la Rochefoucault* déposant
toute aigreur deviendroit son ami.
2°. Qu'il le quitteroit de tous arrerages, qui alloient à dix mille livres,
& qu'il n'en payeroit que trois mille
en deux payemens. 3°. Qu'il lui ac-
cordetoit main-levée pure & simple
de la saisie de l'autre tiers des revenus de l'Abbaye. Ces conditions furent acceptées, & en consequence

il y eut un Arrêt d'Appointé au con-
feil le 30. Janvier 1717.

.... Cette affaire paroiffoit donc fi-
nie; mais elle ne fut qu'affoupie, &
le Cardinal de *la Rochéfoucault* ne
tarda pas à la reveiller. Oubliant fes
promeffes, il voulut obliger *Valladier* à lui payer les dix mille livres
d'arrerages dont il l'avoit quitté pour
trois mille; & cette nouvelle chi-
cane fut fuivie de beaucoup d'autres,
dans lefquelles je ne pretens point
entrer. Voyez le dixieme livre de la
Tyrannom inie étrangere.

Le Cardinal foulevoit tout le
monde contre l'Abbé, & celui-ci
ne tarda pas à fe voir fruftré de fa
penfion de Predicateur ordinaire du
Roi, & du revenu de fon Abbaye,
qui fut faifi de nouveau; hors d'état
de prêcher à *Paris* par les intrigues
de fes ennemis, & quelquefois même en peril de fa vie.

Le Cardinal pouffant même alors
fes vues plus loin, prétendit à la pof-
feffion entiere de l'Abbaye fous pretexte de regrès, faute de payement
de fa penfion. L'Abbé de *S. Arnoul*
las de ces vexations; crut les faire

A. VAL-finir, en faisant avec l'agrément
LADIER. du Roi une cession du Regime &
administration de son Abbaye au
Pape *Paul V.* en faveur de *Nicolas
François* Prince *de Lorraine.* En consequence le Pape donna à ce Prince
l'Abbaye de *S. Arnoul* en Comman-
de, » pour tenir sa vie durant le
» regime & l'administration dudit
» Monastere tant au spirituel qu'au
» temporel; & afin que *Valladier*
» ne souffrît point de cette cession,
» *Paul V.* lui accorde par les mêmes
» Bulles, datées de *Rome* le 13 Sep-
» tembre 1618. le nom, le titre, la
» denomination dudit Monastere,
» & tous & chacuns les fruits, Droits,
» Decimes, subventions, émolu-
» mens ordinaires & extraordinaires,
» avec pouvoir de les percevoir li-
» brement sa vie durant par lui ou
» autre en son nom. En outre la
» pleine, libre, & entiere collation,
» provision, presentation, & autre
» quelconque disposition de tous &
» chacuns les Benefices Ecclesiasti-
» ques, & offices dependans dudit
» Monastere, avec la totale & entiere
» jurisdiction & authorité tant au

» spirituel qu'au temporel : enſem-   A. VAL
» ble tous les Privileges , Droits &c. LADIER,
» tels qu'il en pouvoit jouir avant
» ladite Ceſſion. Ces Bulles ſi avan-
tageuſes & ſi honorables pour *Val-*
ladier ne firent qu'aigrir ſes ennemis
contre lui.

On obtint un decret de priſe de
Corps , avec le quel on alla à *Pont-*
amouſſon , où il s'étoit retiré , pour
ſe ſaiſir de lui: mais en ayant eu avis,
il s'étoit refugié à *Nanci* , d'ou il
alla à *Clairvaux.* Il étoit dans ce
Monaſtere le jour de l'Annonciation
de l'an 1620. & peu après il vint à
Paris , toujours pourſuivi , & ayant
manqué pluſieurs fois d'être arrêté.

Enfin après bien des traverſes &
des perils , il fut rétabli en 1621. &
rendu à ſon Egliſe de *S. Arnoul* , où
il officia pour la premiere fois depuis
ces troubles , le jour de l'Annonciation de cette année. Il pardonna à
ſes ennemis , & en particulier à ceux
des anciens Moines de *S. Arnoul* ,
qui avoient été les principaux auteurs
de ſes perſecutions , & ceux-ci donnerent à leur tour le 20 Avril 1622.
un deſaveu formel de la prétendue

procedure criminelle, qui avoit été
faite contre lui en leur nom.

Valladier se crut enfin tranquille
& ne le fut pas. Quelques Religieux
dereglés ne cefferent de lui tendre
des pieges, de lui fufciter de fâcheu-
fes affaires, & d'attenter même à fa
vie. Je n'ai que faire de vous avertir, M. R. P. que le detail dans lequel je viens d'entrer, eft auffi different de ce qui eft dit dans l'article,
que vous avez inferé, que le jour
eft de la nuit. Il fuffit de comparer
l'un avec l'autre pour en être convaincu.

P. 161. Vous tenez un langage encore bien different de celui de *Valladier.* Vous pretendez que ce fut
lui qui appella les Moines de *S. Vanne* dans fon Abbaye, & il dit le contraire. Il affure que le defir qu'il
avoit toujours eu d'introduire la dif-
cipline reguliere dans fon Abbaye,
& qui avoit été le premier pretexte des perfecutions aufquelles il
s'étoit vû expofé, le preffant plus
que jamais lors de fa retraite en Lorraine, le Pape lui permit d'agir, par
un bref de l'an 1618. *Valladier* ajoute

qu'il avoit déja traité en 1617, avec **A. VAL**
le Prieur de *S. Germain des Prés* à **LADIER**,
Paris, qui lui avoit promis de lui
envoyer des Religieux exacts & foumis, mais que les Officiers de Mr.
de *Vaudemont* firent tant par leurs
follicitations à Rome, qu'ils y in-
troduifirent des Religieux de *S. Vanne.* Ce ne fut donc pas *Valladier* qui
les fit venir; ce fut malgré lui qu'ils
furent introduits.

Ces Religieux firent mettre dans
le bref de *Rome* en date du 22 Decembre 1618. la claufe, *motu pro-
prio*, contraire aux libertés de l'E-
glife de France; & deux autres claufes: la 1e. que la Collation de l'Abbaye de *S. Arnoul* demeureroit au
Pape; la 2e. que les anciens Religieux, qui étoient encore fept ou
huit, ne dependroient plus de lui,
mais des Superieurs Lorrains de la
Congregation de *S. Vanne.*

On fit plus; pendant que *Valladier* n'étoit point à *S. Arnoul*, &
qu'il étoit comme captif en Lorraine,
on profita de fon abfence, & de fon
défaut de liberté pour introduire
ces Benedictins au nom de Mr. de

A. VAL-LADIER.

Vaudemont, qui n'en avoit aucun pouvoir. On établit au même nom un Reeeveur, un Procureur & un Intendant de l'Abbaye, fans faire mention du veritable poffeffeur, comme s'il n'eût plus été Abbé. Il y eut encore plufieurs autres circonftances frauduleufes, qui furent cachées à *Valladier*, & dont les nouveaux hôtes profiterent en temps & lieu, comme on peut le voir dans le 15e livre de la *Tyrannomanie* p. 463. & fuiv. Cependant cette introduction des Religieux de *S. Vanne* fut confirmée par des lettres patentes de Louis XIII. du 6 Fevrier 1619. avec quelques reftrictions par rapport aux claufes contenues dans le Bref du Pape.

Le mois d'Octobre fuivant il y eut un Traité paffé entre l'Abbé & ces nouveaux Moines. *Valladier* fut neanmoins toujours en difpute avec eux, parce qu'ils chercherent continuellement à empiéter fur fes droits & à fe fouftraire à fa jurisdiction: & fes anciens ennemis profitant de cette divifion, on renouvella contre lui les procedures & les calomnies

avec

avec plus de fureur qu'auparavant.

L'affaire portée au Parlement, *Servin* Avocat General, plaida d'office en 1620. à la seconde des Enquêstes, en faveur de *Valladier*, dont il fit connoître l'innocence. Cependant l'affaire fut appointée au Conseil, & ceux qui l'avoient commencée n'oserent la poursuivre.

Valladier s'est contenté aussi de faire imprimer un long extrait du Plaidoyer de M^r. *Servin* avec l'Arrêt qui appointe l'affaire au Conseil, & qui fut rendu le lundi 31 Août 1620. On trouve l'un & l'autre à la fin de la *Tyrannomanie étrangere* de l'Edition de 1626. *in*-40. Vous en citez une autre *in*-8°. de 1615. je ne doute point qu'elle n'existe ; mais j'ajoute qu'en 1618. *Valladier* donna l'ouvrage suivant, le troisiéme que l'on ait oublié de mettre dans le Catalogue qui est à la fin de son article. J'ai parlé des deux autres plus haut. Celui-ci est intitulé : *Factum, ou Prolegomenes de la Tyrannomanie in*-4°. contre *Lazare de Selve* &c. adressé au Duc d'*Espernon* avec un placet à la fin au même, sans nom de ville ni de Libraire.

A. VALLADIER.

Tome XX.   M

A. VAL-
LADIER.
Dans le même Catalogue 1°. en parlant du *Labyrinthe Royal* &c. On dit que cet ouvrage ne porte point le nom de *Valladier*, mais que le P. le Long le lui donne; il falloit citer *Valladier* lui-même qui s'en dit auteur p. 16. de sa *Tyrannomanie*. Edit. de 1626. La ville d'*Avignon* l'avoit choisi pour conduire l'entrée de la Reine.

2°. En parlant de la vie de *Sainte Françoise*, que *Valladier* fit imprimer sous le titre de *Speculum* &c. on pouvoit remarquer qu'il fit cet ouvrage à *Rome*, lors de la Canonisation de cette Sainte, sous *Paul V.* mais qu'étant venu peu après à *Paris*, il y fit imprimer cet Ouvrage.

3°. Le titre entier de la Tyrannomanie est : *La Tyrannomanie étrangere : ou Plainte libellée au Roi pour la conservation des SS. Decrets ; des Concordats de France & de la Nation Germanique ; de l'autorité & Majesté du Roi ; des Droits du Royaume ; & des saintes libertés de l'Eglise Gallicane, par M. André Valladier* &c. Ce titre au reste promet beaucoup plus qu'il ne donne, & ceux qui ont mis cet

Ouvrage au rang de ceux qui traitent des libertés de l'Eglise Gallicane, se sont trompés. Il ne s'y agit presque que des contestations où *Valladier* s'est trouvé enveloppé, & l'Auteur n'y traite de nos libertés qu'en passant, & quelquefois pour servir de preuves aux droits qu'on lui disputoit.

Ce 3e Juin 1732.

P. 164. Le *P. Calmet* dans son *Histoire de Lorraine* tom. 3. p. 746. met la mort de *Valladier* le 13 Août.

P. 168. L'Histoire Manuscrite citée à la fin de l'article de *Valladier* n'est pas seulement une Histoire du Comté d'*Avignon* ; en voici le titre : *Ecclesia Monarchicæ Galliarum nascentis historia, ab antiquitate Avenionium repetita.* (M. l'Abbé *Goujet.*)

A. VAL-LADIER.

LOUIS COUSIN.

P. 189. **M**r *Cousin* ne fut pas seulement attaqué par l'Abbé *Menage* sur la stérilité de son Mariage, mais encore par l'Abbé *Froquier*, irrité contre lui de ce qu'il

L. COU-SIN.

avoit mal parlé dans les Journaux des Scavans d'un des derniers ouvrages du *P. Bouhours*. Les pieces que l'Abbé *Fraguier* composa à cette occasion sont fort Satyriques ; on les trouve dans le Recueil de ses Poesies. (*Id.*)

JEAN DE LABADIE.

J. DE LABADIE. *P. 386.* VOici une seconde Lettre de M. l'Abbé *Goujet*, qui n'est pas moins curieuse que celle que je viens de donner. Le public y perdroit trop, si je voulois n'en rapporter que le precis ; ainsi je l'insererai ici toute entiere, de même que la precedente.

Je vous avoue, M. R. P. que j'ai été un peu surpris, qu'aiant eu dessein de donner un article de *Labadie*, vous n'aiez pris pour guide que M. *Basnage*. C'est un Auteur estimable, j'en conviens, & vous avez eu raison de le consulter ; mais vous ne deviez pas negliger quatre Auteurs contemporains de *Labadie*, qui ont écrit expressément de ce qui le regarde, & qui s'accordans entre eux, ne conviennent pas toujours avec ce que vous rapportez. Ces quatre Auteurs font :

J. DE LABADIE.

1°. Avis Charitable à M. M. de Geneve touchant la vie du S^t. Jean La-badie, cy-devant Jesuite dans la Province de Guyenne, & après Chanoine à Amiens, puis Jansenifte à Paris; de plus Illuminé & Adamite à Toulouse, & ensuite Carme & Hermite à la Graville au Diocese de Bazas, & à present Ministre audit Geneve. Par Mauduict. A Lyon chez Antoine Offray. 1664. *in-12. de* 30 *pages.*

2°. Lettre du R. P. Antoine Sabré, Prêtre, Religieux Solitaire, écrite au S^r. Labadie, sur le sujet de sa profession de la Religion P. Reformée, imprimée à Bazas par ordre de Mgr. l'Evêque, & depuis à Paris. in-4°. 1651.

3°. Lettre d'un Docteur en Theologie (M. Arnauld) *à une personne de condition & de pieté sur le sujet de l'Apostasie du S^r. Jean de Labadie, du* 1. *Mars* 1651. *in-4°.* sans nom de ville, ni d'Imprimeur.

4°. Defense de la pieté & de la foi de la Sainte Eglise Catholique, Appo-

J. DE *stolique & Romaine, contre les men-*
LABADIE. *songes, blasphêmes & impietés de Jean*
-Labadie, Apostat; par le Sr. de Saint
Julien (M. H*ermant*, Chanoine de
Beauvais) *Docteur en Theologie.* Pa-
ris 1651. *in-4°.* Avec approbation
des Docteurs.

Vous auriez pu même ajouter à
ces quatre ouvrages la *Relation* touchant le P. *Jean Labadie au sujet de*
sa sortie de la Société de Jésus, à Bor-
deaux &c.

En consultant toutes ces pieces
vous auriez mieux fait que moi les
Remarques que je prens la liberté de
vous envoyer, & vous en eussiez fait
un meilleur usage.

1°. Je ne sçai si ce n'est pas un peu
gratuitement que vous avez orné
d'un *de*, le nom de *Labadie*, & que
vous avez fait de son pere un Gentil-
homme ordinaire de la Chambre du
Roi & un Gouverneur de *Bourg*. La
pluspart des Auteurs contemporains,
& de ceux qui sont venus depuis, ap-
pellent simplement le premier *Jean*
Labadie, & à l'egard de l'autre, ils
sont bien éloignés d'en faire un Gen-
tilhomme ordinaire de la Chambre

du Roi: *François Mauduit*, qui étoit J. DE
du Pays de *Labadie*, & qui l'avoit LABADIE.
connu particulierement aussi-bien
que sa famille, dit dans son *Avis*
charitable p. 8, Que le pere de cet
Apôstat étoit un simple Soldat de fortune de Gascogne, qui fut fait Lieutenant dans la Citadelle de *Bourg*,
par M⁵. *Titladet*, qui en étoit alors
Gouverneur; il ajoute qu'il s'y maria
avec une nommée *Coibot*, fille d'un
bourgeois, bonne Catholique, &
qui mourut agée de 44 ans vers 1660.
Car *Mauduit* écrivoit ceci en Juillet 1662. & il dit que cette femme,
mere de *Labadie*, étoit morte, il y
avoit environ deux ans. Je rapporte
ces circonstances, dit *Mauduit*, parce que je sçai que *Labadie* à la vanité de vouloir passer pour Gentil-
homme.

2°. Il n'est pas vrai que les Jesuites l'ayent chassé de leur Compagnie.
Il y a trop de preuves du contraire
pour hesiter sur un tel fait. *Labadie*
déja visionnaire à l'excès étant encore
chez les Jesuites, étoit neanmoins si
peu connu pour ce qu'il étoit, que
la Societé le regardoit comme un

J. DE
LABADIE.

prodige d'efprit & de pieté. Mais pendant qu'il prêchoit devant tout le monde l'ancienne doctrine des Apôtres, il cherchoit en fecret de nouveaux Apôtres pour aller avec eux par le monde *fine pera & fine baculo*; & il vit en peu de temps tomber dans le piege qu'il tendoit un Medecin de *Perigueux*, deux Ecoliers, un Payfan de *Cufagués* avec fa femme, un Prêtre, & un Corroyeur de Limoufin, avec quelqués autres.

L'habit de Jefuite ne s'ajuftant pas tout-à-fait avec de fi hauts deffeins, il fit de grandes inftances auprès du General de fa Compagnie, pour obtenir la permiffion d'en fortir. Le General en apprit la nouvelle au P. *Jacquinot*, Provincial de Guienne, & fort affectionné à *Labadie*, à qui il demanda auffitôt s'il pouvoit croire ce qu'on lui mandoit. *Labadie* en convint, & affura le Provincial, qu'il avoit déja demandé deux fois fa fortie au General, à caufe de fes indifpofitions. Le P. *Jacquinot*, qui vouloit le retenir, lui offrit, conformement aux intentions du
Gene-

General, le choix des emplois, qui pouvoient avoir le plus de rapport à fon humeur & à fon inclination; mais il demeura toujours ferme dans fa refolution.

Cependant il refta encore dans la Compagnie quelque temps, pendant lequel aïant entrepris de mener la vie de *S. Jean-Baptifte*, dont il s'imaginoit avoir l'efprit, il ne voulut plus manger que des herbes, & affoiblit encore plus fa tête par cette conduite. Il tomba même dangereufement malade; mais auffitôt qu'il eut repris fes forces, il fe fit conduire à *Bourg* chez fon frere, pour folliciter fa fortie avec plus de liberté. Deux Jefuites allerent en vain le trouver pour lui perfuader de changer de penfée, il fe plaignit de cet empreffement de fa Compagnie, comme d'une violence; il pria un de fes amis de lui dreffer une Requête pour la prefenter au Parlement, & fit tant par fes frequentes importunités, que les Jefuites lui envoyerent enfin fon congé, comme par force. Il eft conçu en ces termes: *Barthelemi Jacquinot*,

J. DE
LABADIE.

Provincial de la Compagnie de Jesus
dans la Guyenne, à tous ceux &c.
Quoique Jean Labadie, Prêtre, ait
vécu dans notre Societé pendant l'espa-
ce de quelques années, & qu'il y ait été
legitimement promu au Sacerdoce,
néanmoins nous certifions, qu'il n'y a
fait aucune profession, & qu'à sa re-
quête à cause de son indisposition
nous le tenons quitte & libre de toute
obligation envers notre Societé, &c. A
Bordeaux ce 17 *Avril* 1639.

Ce fut ainsi que *Labadie* quitta
la Societé de lui-même, & malgré
sa Compagnie, où il avoit demeuré
15 ans. Tout cela est amplement
confirmé par la relation de sa sortie composée par les Jesuites eux-
mêmes, ou par quelqu'un de leurs
amis, & qui parut dans ce temps à
Bordeaux.

3°. Vous ajoutez qu'il vint à *Pa-*
ris, aussi-tôt aprés qu'il fut sorti de
chez les Jesuites. Il est certain au
contraire, qu'il parcourut auparavant
quelques villes de Guyenne, où il
tomba malade de nouveau ; qu'ensuite il alla à *Bordeaux,* pour y cher-
cher quelque sorte d'etablissement ;

qu'il eut l'honneur d'y voir M^r. J. DE LA-
Gault, pour lors Curé de *Sainte Eu-* BADIE.
lalie, & depuis mort Evêque de
Marseille, en odeur de Sainteté;
qu'il ne put y être employé, par ce
que le *P. de Chazes*, Superieur de
la Maison Professe des Jesuites, se declara contre lui dans le Conseil de
l'Archevêque; mais qu'il ne laissa
pas d'y pratiquer toutes les personnes d'esprit & de pieté qu'il put y
trouver.

Il ne vint donc point à *Paris, aussi-
tôt aprés* qu'il eut quitté les Jesuites, & quand il y vint, il est difficile de croire qu'il y ait pu s'acque-
rir *l'estime* & l'amitié du *P. de Con-
dren* (qu'on n'a pas dû nommer *Gon-
dren*) second General de l'Oratoire,
qui étoit mort dés le 7 Janvier 1641.

Quoiqu'il en soit, *Labadie* étant
enfin venu à *Paris*, y obtint de M.
Froger, Docteur de Sorbonne, &
Curé de *S. Nicolas du Chardonnet*,
la permission d'y prêcher, & il y fut
écouté avec applaudissement. M^r. de
Caumartin, Evêque d'*Amiens*, étant
venu un jour l'entendre, & en ayant
été content; une personne de confi-

J. DE LA-
BADIE.

deration engagea ce Prelat à l'em-
mener chez lui. L'Evêque y confen-
tit, l'envoia à *Amiens*, & lui donna, non un Canonicat de fa Cathedrale, comme on l'a dit, mais une
Prebende dans l'Eglife Collegiale de
S. Nicolas. Labadie ne prend pas d'autre titre au frontifpice de fes *Odes
facrées*, dont nous parlerons à la fin
de ces Remarques,

4°. Ce que l'on ajoute que *Labadie* accepta d'autant plus volontiers
ce pofte, qu'il fe voyoit expofé à
Paris à quelques traverfes, pour avoir
debité dans fes Sermons fur la Grace,
la Predeftination, la Penitence &c.
les mêmes maximes qui avoient fait
mettre Mʳ. de *S. Cyran* à *Vincennes*,
auroit befoin de preuves. Car 1°. il
eft certain que *Labadie* fut generale-
ment applaudi pendant le peu de
temps qu'il prêcha à *Paris :* tous les
Ecrivains du temps en rendent té-
moignage, & je n'en fçai aucun qui
parle de ces traverfes, aufquelles
on prétend qu'il y fut expofé. 2°. Il
eft conftant que la perfonne qui
le donna à Monfieur *d'Amiens* étoit
très-affectionnée aux Jefuites, qui

n'avoient pas fur les matieres dont J. A. L'A-
il s'agit, les mêmes maximes, que BADIE.
Mr. de *S. Cyran.* 3°. Ce ne furent
point les maximes, dont on parle,
qui furent caufe de l'emprifonne-
ment de l'Abbé de *S. Cyran*, & je
m'étonne qu'on ait pu en apporter
cette raifon, qui ne fut tout au plus
qu'un pretexte.

On fçait que la vraie raifon de la
détention de cet Abbé, fut en premier lieu la crainte que le Cardinal
de *Richelieu* avoit, que ce favant homme n'écrivît au fujet de ce Mariage
celebre, que le Prelat vouloit faire
caffer en faveur de fa Niece; & en
fecond lieu la retraite de Mr. *le*
Maître, celebre Avocat, qui fuivoit
en tout les avis de Mr. de *S. Cyran.*
On fe plaignit au Cardinal de ce
que cet Abbé avoit arraché un fi
grand homme au Barreau, en ap-
prouvant fes deffeins de retraite, &
on le fit regarder comme un homme fingulier, & entreprenant, dont
il falloit s'affurer. Le Cardinal avoit
connu & eftimé cet Abbé avant fa
grande élevation, mais n'ayant pu
en faire ce qu'il auroit voulu, il con-

sentit à ce qu'on lui suggera contre lui. Voila ce qui fit mettre M^r. de *S. Cyran* au Château de *Vincennes*.

5°. Tout ce que l'on impute à *La-badie* pendant son sejour à *Amiens* n'a aucun fondement. Il est certain au contraire par les informations, qui furent faites alors, qu'il parut faire beaucoup de fruit dans le tribunal de la Penitence; que tout ce qui parut à la vue de tout le monde, est qu'il inspira à ceux qui se mettoient sous sa conduite, un profond respect pour l'Eucharistie, & que loin de blâmer nos ceremonies, il procura l'erection d'une nouvelle Confrairie sous l'autorité de son Evêque. Il choi-sit *Sainte Marie Magdeleine* pour Pa-trone de cette Societé, & en dressa les Constitutions, qui furent approu-vées.

Les intrigues que l'on dit qu'il eut dans un Monastere de filles, ne se passerent pas à *Amiens*, mais à *Ab-beville*, selon *Mauduict*. *Labadie*, suivant cet Auteur, y étoit allé faire une Mission avec *Dabillon*, Ex-Je-suite, comme lui, qui fut dans la suite Curé dans l'Isle de *Magné* en

Saintonge, ou il mourut bon Catho- J. DE LA-
lique. *Labadie* logeoit à *Abbeville* BADIE.
fur la Paroiffe de *S. Georges* chez un
Marchand nommé *Du Chefne* ; il y
eut d'abord un commerce criminel,
qui éclata, avec une Demoifelle fe-
culiere qu'il feduifit ; & enfuite
ayant eu la confiance des Religieufes Bernardines, il en abufa. La Su-
perieure vigilante ayant decouvert
cette intrigue, en avertit M. l'E-
vêque d'*Amiens*, qui fit examiner les
faits dont *Labadie* étoit accufé, &
aprés des informations exactes, ayant
reconnu la verité de ce qu'on luì
avoit dit, il voulut faire arrêter le
coupable, mais celui-ci fe retira à
Paris fur la fin du mois d'Août 1644.
Il y demeura tout au plus un mois,
& en repartit fur la fin de Septembre pour aller à *Bazas*, avec M.
Drillol, fecond Archidiacre de cette ville, & M. de *la Brouche* fon
neveu.

'6°. Je ne fçai pas pourquoi on ne
dit rien de ce qu'il a fait à *Bazas*,
& qu'on le tranfporte auffitôt à *Tou-
loufe*. Il faut fuppléer à cette omif-
fion.

Labadie demeura cinq ou six mois à *Bazas* chez Mr. *Drillol*, se faisant appeller Mr. de *Saint-Nicolas*. Pendant ce temps-là il prêcha plusieurs fois en la Cathedrale; & quoiqu'on eût prevenu bien du monde contre lui, il fut fort goûté d'un grand nombre. Messire *Henri Litolphi Maroni*, Prélat d'une très-sainte vie, assista à tous ses Sermons, & n'y trouva rien à reprendre; & afin de n'avoir rien à se reprocher sur le compte de *Labadie*, il écouta tous ceux qui se presenterent pour lui faire des plaintes de sa doctrine; il examina par lui même & fit examiner par d'habiles gens le fondement de ces plaintes, & engagea *Labadie* à lire publiquement en chaire les propositions mauvaises qu'on l'accusoit d'avoir glissées dans ses discours, & de faire sur cela une profession de foi publique.

Labadie n'en fit aucune difficulté; il lut ces Propositions, protesta qu'il ne les avoit jamais enseignées, les condamna ouvertement, & fit sur chacune une profession de foy très-Catholique. On en dressa ensuite un

procés verbal, qui fut figné par le J. DE LA
Prelat, le Chapitre de fon Eglife, BADIE.
les Curés & tout le Clergé de la ville, par les Peres Capucins même &
par les Cordeliers qui avoient affifté
au Sermon de *Labadie*, par plufieurs
de Meffieurs du Prefidial, par tout
le corps de Ville, & par un grand
nombre de particuliers, gens de condition, & dignes de foi.

Cette juftification fi authentique
n'ayant pas empêché que l'on ne
répandît encore un memoire où l'on
renouvelloit les mêmes accufations,
Labadie en demanda juftice par une
Requête, où il proteftoit encore de
fa Catholicité, qu'il prefenta à l'E-
vêque de *Bazas*, & qui fut répon-
due le 8 de Janvier 1645.

Mais comme il n'étoit pas réellement dans fon cœur ce qu'il vouloit
paroître, il parloit quelquefois à
la grille moins catholiquement qu'en
Chaire, & abufant de la confiance
que quelques Religieufes Urfulines
avoient en lui, il infinuoit adroi-
tement dans leur efprit un commencement de ces fauffes fpiritualités
qu'il a fait éclater depuis avec tant

d'abomination. Ce qui étant venu à la connoiſſance de Mr. de *Bazas*, il le fit venir au Parloir des Religieuſes, & après lui avoir temoigné en leur preſence avec beaucoup de force, combien il étoit mécontent de ce qu'il avoit appris, il fit un diſcours très-ſolide devant lui & devant ces Religieuſes, pour deſabuſer celles-ci des fauſſes maximes que *Labadie* leur avoit debitées.

Le Prelat vouloit auſſi renvoyer celui-ci de ſon Diocéſe, mais une nouvelle tempête, qu'il venoit encore d'exciter contre lui, l'obligeà de le retenir pour quelque temps. Cette tempête s'étoit élevée à l'occaſion d'un Sermon que *Labadie* avoit prêché depuis peu à *Bourg*, lieu de ſa naiſſance, au Diocéſe de *Bordeaux*, contre la défenſe de Mr. de *Bazas*, & qui avoit donné lieu à ſes ennemis de faire decréter contre lui par le Parlement de *Bordeaux*, quoique s'agiſſant purement de doctrine, la connoiſſance n'en appartint qu'aux Evêques. Mais Mr. de *Bazas* en retenant encore *Labadie* chez lui, pour conſerver les droits de la Hie-

-rarchie que l'on violoit en cette rencontre, l'obligea de desavouer ou
de retracter en chaire ce qu'on lui
imputoit d'avoir avancé à *Bourg*.
Voilà ce que *Labadie* fit à *Bazas*,
& qu'il me paroît qu'on ne devoit
pas omettre.

Sorti de cette ville, il alla à *Toulouse*, comme on l'a dit, & quelque
temps après ayant appris que M^r. de
Bazas y étoit tombé malade, en re-
venant d'un voyage en Bearn, il demanda plusieurs fois à le voir ; mais
ce Prélat lui refusa toujours cette
satisfaction, & mourut sans la lui
accorder le 22 de May 1645.

Labadie se dechaîna toujours depuis contre la vie pénitente de ce
Prélat, & celle de M^r. *Marguelin*,
chanoine de *Beauvais*, que M^r. *Litolphi* avoit amené avec lui à *Bazas*,
traitant leurs austerités de pur Ju-
daisme. Aussi ne fut-ce pas par cette
voye qu'il conduisit les ames qui lui
accorderent leur confiance à *Toulouse*. Je n'ai rien à ajouter, ni à con-
tredire, passez moi ce terme, à ce
que vous en rapportez.

7°. M^r. *De Montchal*, Archevêque

J. DE LA- de *Toulouse* aiant été inftruit des abo-
BADIE. minations de ce fanatique, proce-
da contre lui, & voulut le faire arrêter. Mais *Labadie* s'enfuit, non pas
à *la Graville*, comme on le dit, mais
à une lieue de *Toulouse*, chez un nommé *Douvrier*, fon ami, chez qui il
demeura caché affez longtemps.
Quand il crût qu'il n'étoit plus pour-
fuivi, il reparut, & s'en alla à *la Graville*, Hermitage à deux ou trois
lieues de *Bazas*, où quelques Carmes s'étoient retirés avec permiffion, pour pratiquer plus à la lettre
la regle de *S. Albert*, qui a été faite
principalement pour des folitaires.
C'étoit vers la fête de la Touffaint
de l'an 1649. Il y fut bien reçu par
le *P. Blanchard*, Superieur de cette
maifon, qui ne le regardoit que
comme un homme, qui vouloit fe
confacrer à la penitence. *Labadie*,
pour être plus inconnu, prit le nom
de *Jean de Jefus-Chrift*, & non pas
de *St. Jean de Chrift*, comme on le
dit ; nous apprenons ce fait de *Labadie* lui-même, qui dans un Cantique compofé en 1639. & lû dans
un Sermon prêché fur la fin de De-

tembre 1649. dit que dès 1639. Je- J. DE LA;
fus-Chrift lui avoit commandé de BADIE.
prendre ce nom.

> *Va donc fur la terre & fur l'Onde,*
> *Me reprefenter dans le monde*
> *Par la reffemblance d'efprit ;*
> *Pour cet effet parmi mes hommes*
> *Je defire que tu te nommes*
> *Deformais , Jean de Jefus-Chrift.*

8°. J'aurois voulu que vous euf-
fiez ajouté au récit que vous faites de
la conduite de *Labadie* à *la Graville,*
qu'il ne feduifît pas feulement ces
pauvres folitaires; qu'il fit tomber
aufli dans fes pieges plufieurs de
ceux de l'Hermitage d'*Agen* , &
entre autres le P. *Sabré* , qui en étoit
Superieur. *Labadie* avoit écrit à ces
folitaires avec cet enthoufiafme &
ce ton de Prophete , qu'il favoit
employer , quand il vouloit furpren-
dre les ames. Il leur avoit marqué
entre autres chofes , qu'il defiroit
avec ardeur de les voir , pour leur
donner quelques avis fpirituels , les
conduire dans le chemin de la per-
fection , & les mettre au nombre de

J. DE LA-ses disciples. Il leur promettoit qu'ils
BADIE. seroient comme les douze Apôtres,
qu'ils en auroient l'esprit, comme
lui-même avoit celui de *J. C.* & de
S. Jean-Baptiste.

Ces bons solitaires, peu éclairés
sans doute, trompés par ces pro-
messes illusoires, vinrent à *la Graville,* où étant arrivés, *Labadie* souf-
fla sur eux, disant qu'il leur donnoit le S. Esprit, & le pouvoir de le
donner aux autres. Le *P. Sabré,* de
qui l'on tient ces faits, fut un de
ceux que ce Visionnaire avoit seduits,
& qui fut desabusé après les longs
entretiens qu'il eut à cette occasion
avec M. *Samuel Martineau* Evêque
de *Bazas,* successeur de M. *Litolphi
Maroni,*

Ce que vous dites s'être passé
avant l'enlevement des Religieux de
la Graville, n'est pas conforme à ce
qui arriva en effet. L'Evêque de *Bazas* alla deux fois à *la Graville.* La
premiere fois fut le 3e. de May. Il y
vint accompagné du Lieutenant General de *Bazas* & de ses domesti-
ques. Il remit dans la place de Superieur le *P. Blanchard,* que *Laba-*

die en avoit depouillé de sa propre J. DE LA-
autorité, & lui confia tous les écrits BADIE.
du Visionnaire, que l'on avoit saisis
entre les mains d'un Novice, qui
essaioit de les jetter par la fenêtre.
Labadie n'étoit déja plus à *la Gra-*
ville lors de cette premiere visite ;
ainsi il n'est pas vrai que le Superieur
& les Moines lui donnerent le temps,
& les moiens de se sauver. Il s'étoit
retiré dès le 28ᵉ d'Avril, après une
visite qu'un des grands Vicaires de
Bazas avoit faite à *la Graville.* Il
s'étoit enfui monté sur une Asnesse,
avec son nouvel habit de Carme, &
portant un Crucifix à la main. Il
n'est pas vrai non plus que le Superieur & les Moines refuserent alors
de parler à Mr. de *Bazas :* ce Prelat
fut reçu au contraire avec la decence
convenable. Mais après son retour à
Bazas , ces Religieux aiant écrit à
Labadie tout ce qui venoit de se
passer, ce Visionnaire leur ordonna
dans sa reponse, de retablir le *P.*
Sylvestre dans sa charge de Superieur,
d'enlever tous les Papiers, & de les
mettre en lieu de seureté. Ces solitaires abusés, trop dociles à ces or-

J. DE LA-
BADIE.

dres fanatiques , ſe mirent en devoir
d'obéir , arracherent par force les
Clefs, dont le *P. Blanchard* étoit
depoſitaire , & enlevant tous les Papiers, les enfouirent en terre hors de
la Maiſon.

Le *P. Blanchard* fit avertir de cette
revolte l'Evêque de *Bazas* , qui ac-
courut auſſitôt , muni d'un Arrêt du
Parlement de *Bourdeaux* , qui l'au-
toriſoit à l'enlevement de tout ce
qui ſe trouveroit appartenir à *Labadie* , & accompagné du Lieutenant
General , qui l'avoit aſſiſté la premiere fois: Ce fut à ce ſecond voyage
que le Prelat trouva de la reſiſtance
à *la Graville*. Non ſeulement on re-
fuſa de lui parler , il trouva même
toutes les portes fermées , & il fallut monter par-deſſus les murs.
Quand les moines ſçurent que Mr.
de *Bazas* étoit entré , il ſe retirerent
dans la Chapelle de leur maiſon,
& le Frere *Baſile* alla ſeul au-devant
de lui, le Crucifix à la main, la
croix ſur l'épaule , & un Nouveau
Teſtament ſur ſon eſtomac. Le Prélat fit enlever ſept de ces ſolitaires
opiniâtres , de la maniere dont vous

la

le rapportez; mais l'enlevement ne J. DE LA fut pas general; & quand ils furent BADIE. defabufés, ils decouvrirent où étoient les papiers que le Prélat n'avoit pas encore entre fes mains.

9°. *Labadie* obligé de fuir encore de *la Graville* fe retira au mois d'Août 1650. chez M^r. le Comte de *Caftet de Faras*, au Château du *Caftet*, où il demeura plus de fix femaines caché fous le nom de M^r. de *Sainte-Marthe*. Il y eut de frequentes conferences avec le Miniftre Proteftant du lieu, & le tout aboutit à aller à *Montauban* faire profeffion de la Religion P. Reformée, le 16 Octobre 1650.

Le *P. Sabré* & le *P. Sylveftre* en aiant eu avis lui écrivirent pour l'engager à revenir, & lui envoierent enfuite parole de feureté de la part de M^r. de *Bazas*, par un nommé *Jean Gorlier*; fans autre condition, que celle de vivre foumis à l'avenir aux ordres de l'Eglife, & conformement à la Regle du Monaftere qu'il avoit abandonné. Ils lui rappellent dans cette Lettre tout ce qu'il leur avoit dit en faveur de la

J. DE LA-BADIE, Religion Catholique, & des dogmes qu'elle enseigne, après quoi ils ajoutent : *Nous ne pouvions pas concevoir que vous puissiez jamais étouffer ces sentimens, fermer les yeux à ces lumieres* &c. Ils disent encore, *qu'ils ne peuvent croire, qu'il se soit fait Huguenot, ou que ce soit tout de bon;* que ce n'étoit pas la premiere fois que l'on avoit fait courir ce bruit, & qu'il avoit déja été obligé de s'en *justifier deux fois par deux longues Lettres* (dont vous ne faites pas mention) qu'il avoit été obligé d'écrire pour dissiper ce bruit. On trouve de longs extraits de l'une de ces Lettres , qui est du mois d'Août 1647. dans la *Lettre d'un Docteur en Theologie* p. 85. & dans la *Défense de la Pieté* &c. p. 88. L'autre Lettre a été inserée dans ce dernier Ouvrage p. 183. & suiv. elle est datée du Vendredi 30 Août 1647. & adressée à M. *le Caron,* celebre Avocat d'*Amiens.* On ne peut parler plus fortement , que *Labadie* le fait dans ces deux Lettres , de nos Mysteres , de celui de l'Eucharistie en particulier, & de l'Eglise Catholique.

Le P. *Sabré* ajoute qu'ils avoient
vû depuis sa fuite un Journal écrit
de sa main, dans lequel il faisoit un
détail circonstancié de tout ce qu'il
avoit fait à *la Graville*, des inspira-
tions qu'il prétendoit y avoir eues
&c. Que ce Journal, qui avoit été
remis entre les mains de Mr. de
Bazas, commençoit par un Cantique sur sa profession dans l'ordre des
Carmes, dont il faisoit l'Eloge &c.
Vous ne parlez ni de ce Journal, ni
de ce Cantique. On trouve plusieurs
extraits de celui-ci dans la *Lettre d'un
Docteur en Theologie* p. 25. & suiv.
& dans la *Défense de la pieté* &c. p.
42. & suiv.

Comme *Labadie* disoit par-tout,
que la profession de la Religion P.
Reformée, qu'il venoit de faire à
Montauban, n'étoit que l'exécution
de ce qu'il pensoit depuis 15 ans,
le P. *Sabré* lui rappelle tout ce qu'il
leur avoit dit à *la Graville*, sur la
vérité de nos Mysteres, sur la foy
qu'il y avoit toujours eue, les actes
qu'il en avoit faits, en particulier
sur la présence réelle, sur le sacrifice de la Messe, qu'il celebroit tous

les jours. Il le met en contradiction avec fon Journal, qui étant un livre fecret, eût dû contenir fes fenti-mens fecrets, au lieu que ceux qui étoient dans ce Journal fe trouvoient conformes avec ce qu'il avoit pro-feffé exterieurement.

Labadie ne répondit point à cette lettre; ce qui engagea le *P. Sabré* & le *P. Sylveſtre*, après avoir vaine-ment attendu une reponfe pendant deux mois, à decouvrir à l'Evêque de *Bazas* tout ce qu'ils favoient de fecret touchant ce fanatique.

Ces bons folitaires ne furent pas les feuls, qui s'intereſſerent pour la converſion de *Labadie*: *François Maudui&*, Auteur de l'*Avis Chari-table*, dont nous avons déja parlé plufieurs fois, eut auſſi une confe-rence avec lui fur la Religion à *Montauban* le 10 May 1651. dans la maifon de M*r*. *de Scorbiac*, Confeil-ler de la Religion à la Chambre de l'Edit de *Caſtres*, en prefence d'un grand nombre de Catholiques & de Proteſtans. Mais cette tentative fut inutile. *Mauduiɛ̃* fit imprimer à *Montauban*, chez *Rouyer*, le recit

de cette conference, à la quelle *La-*
ladie n'a point répondu.

Le même *Mauduit* convient de
ce que vous rapportez au ſujet de
Mademoiſelle de *Calonges*, qu'il
nomme *Calongues*, avec cette diffe-
rence, qu'il prétend que *Labadie*
avoit voulu épouſer cette Demoi-
ſelle, & qu'il l'avoit portée à y con-
ſentir, mais que ſes parens y mirent
obſtacle, & que ſi le Viſionnaire ne
ſe fût deſiſté de ſes pourſuites, il eût
été mal mené. Ce que vous avez appellé *Ciquelers*, il l'appelle *Gigue-
lets*; mais ces differences ſont peu
conſiderables.

10. Le deſſein que vous ſuppoſez
au *P. de Cort*, que vous n'avez pas
du appeller M^r. *de Cort*, car il étoit
Prêtre de la Congregation de l'O-
ratoire, d'unir les Diſciples de *Jan-
ſenius* avec ceux de Mademoiſelle
Bourignon, merite beaucoup plus
d'attention. Le public eſt en droit
de vous demander ſur quelles preuves vous appuiez ce fait; car une
choſe de cette nature, qui a été tant
de fois traitée de calomnie, ne devoit pas être avancée que la preuve

J. DE LA-
BADIE.
à la main, & je vous crois trop sage pour l'avoir hasardée en l'air. *Bayle* lui-même de qui vous tirez ce fait, dit qu'il ne s'en rend pas garant, & qu'il le rapporte fidellement tel qu'il l'a trouvé dans les Écrits, qu'il cite, c'est-à-dire dans la vie d'*Antoinette de Bourignon* composée par elle-même, ou dans celle que le Ministre *Poiret* a mise à la tête des ouvrages de cette fille. Je vous renvoye aussi à l'auteur de l'Histoire du Socinianisme (Le P. *Anastase* Pic-puce) qui ne peut être suspect. Il parle assés au long au chapitre 43 part. 2e. de son Histoire d'*Antoinette Bourignon*, & du P. *de Cort*, & il ne dit pas un mot de cette prétendüe alliance que vous supposez que l'on vouloit faire des disciples de *Jansénius*, avec ceux de Melle *Bourignon*, dont les sentimens en effet ont tou-jours été très-differens. Aussi Mr. *Ar-nauld* dans une lettre écrite au *P. de Cort*, (a) ne fait il pas entendre ce que vous dites ici, quoiqu'il y parle de cette Isle de *Norstrand*. Mais pour approfondir cette matiere, il faudroit

(a) *Tom.* 1. *p.* 219.

une seconde Lettre, & peut-être vous J. DE LA-
ennuyez-vous déja de la longueur de BADIE-
celle-ci.

Il ne me reste plus qu'à ajouter
aux ouvrages de *Labadie* les suivans
que vous avez oublié de mettre dans
le Catalogue qui est à la fin de son
article.

1. *Introduction à la pieté dans les
Mysteres, paroles, & ceremonies de la
Messe. Amiens, chez Charles de Gouy,
Imprimeur de M. l'Evêque 1640. La-
badie* y parle en vrai Catholique.

2. *Declaration de sentimens de Jean
Labadie, ci-devant Prêtre, Predicateur & Chanoine d'Amiens*, imprimée à *Montauban chez Philippe Bra-
çonier, Imprimeur de l'Academie*, &
publiée le 1 Janvier 1651. Si celle
qui est imprimée à *Geneve*, & dont
vous parlez, est la même, c'en est
donc une seconde édition; je ne les
ai point comparées.

3. *Lettre de Labadie à ses amis de
la Communion Romaine, ensuite de sa
declaration.* Elle a été imprimée aussi
en 1651. L'auteur y fait l'Apologie
de la Religion P. Reformée, & s'é-
force de prouver à ceux à qui il l'a-

J. DE LA-
BADIE.

dreſſe, qu'ils ne doivent point êtr̃e ſurpris de ſon changement de Religion.

4. *Odes ſacrées ſur le très-adorable & auguſte Myſtere du S. Sacrement de l'Autel. Par Jean de Labadie, Prêtre & Chanoine de S. Nicolas d'Amiens. Amiens, chez Gilles Gouy le jeune, 1642.*

5. *Reponſes à un Recueil d'articles fauſſement imputés à Mr. de Labadie.* Cet écrit eſt cité dans la *Défenſe de la Pieté de l'Egliſe Romaine* p. 121. où l'on en donne un extrait.

De Paris le 5 Juin 1732.

P. S. Voici le fait de l'Iſle de *Nord-ſtrant* en deux mots. Le Duc de *Hol-ſtein* ayant mis cette Iſle en vente, le *P. de Cort* & quelques autres l'a-cheterent. Mais on trouva que c'étoit une mauvaiſe acquiſition, à cauſe de l'eau dont elle étoit pleine. Il fallut la deſſecher, & enſuite on y fit des établiſſemens. Pluſieurs de ceux qui étoient connus ſous le nom de Diſci-ples de *S. Auguſtin*, crurent que ce pouvoit être un bon emploi pour leur argent, & que ce pourroit être même une retraite dans le beſoin.

La

La pluſpart laiſſerent en mourant J. DE LA-
leur part à Port-Royal de Champs. BADIE.
On en fit un rembourſement de la
part du Duc quelques mois avant la
diſperſion des Religieuſes. Auſſitôt
qu'on le ſçut à la Cour de France,
on défendit aux Notaires de recevoir aucun Acte touchant cette affaire en faveur des Religieuſes, qui
avoient reçu leur rembourſement la
veille de la défenſe. A l'egard du
P. de Cort, il avoit d'abord été uni
aux diſciples de *S. Auguſtin*; mais il
ſe livra dans la ſuite abſolument à
Mademoiſelle *Bourignon*, qui n'eut
pas lieu d'être bien contente de ceux
qu'on appelloit Janſeniſtes. Ainſi
l'union dont on parle, eſt chimeri-
que. Voiez pour l'Iſle de *Nordſtrant*,
les Factums pour & contre les Heri-
tiers & Parens de M. *Nicole*.

✿✿✿✿✿✿✿✿✿✿✿✿✿✿✿✿✿✿✿✿

CHANGEMENS , CORRECTIONS
& *Additions.*

Pour le Tome dixneuviéme.

HELENE LUCRECE CORNARA
PISCOPIA.

H. L. C. *P.* 27. EN parlant du Recueil de
PISCOPIA. Pieces faites à l'honneur
de cette Sçavante, on pouvoit remarquer ce qui suit.

Cornara Piscopia étant morte, M.
Patin fit prier l'Abbé *Nicaise* par M.
Spon, d'engager M. *Petit* Medecin
& Poete Latin fort celebre, M. de
la *Monnoye* & M. *Dunai* de *Dijon* à
concourir avec tous les Poetes d'Italie à louer cette Sçavante. Ils le firent,
leurs pieces furent applaudies, &
l'Abbé *Nicaise* y joignit un Quatrain
de sa façon. Il fit imprimer toutes
ces Pieces, les orna des armes & de
la devise de l'Academie des *Ricovrati*
de *Padoue*, & les envoya accompagnées d'une lettre Latine à Messieurs

de cette Academie, qui reçurent ce **H. L. C.**
prefent avec joye, & par reconnoif- PISCOPIA.
fance accorderent des Patentes d'Aca-
demiciens de *Padoue* aux Auteurs de
ces Piéces. On recueillit peu de
temps après toutes les Pieces des Poetes Italiens fur ce fujet (c'eft le Recueil dont il eft parlé ici) mais on
n'y infera point celles que l'Abbé
Nicaife avoit publiées, & fur les
plaintes qui en furent faites, on repondit qu'on n'avoit eu deffein d'in-
ferer dans ce nouveau recueil, que
les pieces des Poetes du Pays. Mais
il n'eft pas difficile de deviner que
ces pieces omifes effaçant les leurs,
on ne jugea pas à propos de les y
faire entrer. On apprend ce detail de
M. *Nicaife* lui-même dans fa premiere Lettre à M. *Carrel*, inferée dans
les *Nouvelles de la Republique des Lettres* d'Octob. 1703. (M. l'Abbé *Goujet*.)

JEAN PIERRE DE VALBON-NAYS.

P. 44. **L** *lg.* 13. p. 747. *Lifez* 947. **J. P. DE**
      Ib. N°. 11. Cette Let- **VALBON-**

J. P. DE VALBON- NAYS. tre se trouve dans le 6 vol. des *Me-moires de Litterature* du P. *Desmolets.* P. 149. precedée d'une Lettre du même à M. *Moreau de Mantour*, & suivie d'une Dissertation intitulée : *Recherches concernant Raymond Dupuy, deuxième Grand Maitre de l'Ordre de Malthe.*

JEAN DE CORDES.

J. DE CORDES. P. 73. APrès avoir dit que le Cardinal *Mazarin* acheta la Bibliotheque de ce sçavant vingt-quatre mille livres, on pouvoit ajouter que cette Bibliotheque fut ensuite vendue à l'encan pendant la guerre de Paris; mais qu'elle fut rachetée depuis, & mise avec les autres livres du Cardinal *Mazarin.* (M. l'Abbé *Goujet.*)

P. 75. *Colomiés* dans sa *Bibliotheque choisie* dit encore que M. *de Cordes* avoit fait quelques vers Latins sur la mort de *Henri IV.* que l'on trouve dans un Recueil de Harangues funebres imprimé à *Hanau* en 1613.

HERMAN CONRINGIUS.

P. 285. **H** *Enrici Conringii.* Lifez   H. CON-
Lig. 15.   *Hermanni.*   RINGIUS.

HUGUES GROTIUS.

P. 368. **A**U fujet des traductions   H. GRO-
     Françoifes du Traité de TIUS.
la Verité de la Religion Chrétienne de
Grotius je ferai ces remarques.

1. La premiere n'eft pas *in-12.*
mais *in-18.* imprimée chez *Blaeu.*

2. On dit que la 2ᵉ eft de l'an
1650. L'exemplaire que j'ai vû étoit
fans date. J'ai dit dans la Preface
de ma traduction qu'elle avoit dû
preceder l'an 1656. étant dediée à
Jerôme Bignon, qui mourut cette année le 7 d'Avril. M. l'Abbé d'*Olivet*
met cette édition en 1644. & la donne à *Mezerai.* Le *Journal Litteraire*
de *la Haye* tom. 15. 2ᵉ part. p. 471.
dit que celle que l'Hiftorien de l'A-
cademie donne à *Mezerai*, eft celle
dont M. de *la Mothe-le-Vayer* a re-

H. GRO- levé la bevuë fur *Phylo Biblius* , que
TIUS. ce traducteur traduit par *Philon le
Libraire.* Or c'eft dans cette feconde
traduction de l'Ouvrage de Grotius
*in-*8°. dediée à *Jerôme Bignon ,* que
fe trouve cette faute originale. C'eft
donc la même que celle que M.
d'Olivet donne à *Mezerai.*

3. On dit que la traduction de
Le Jeune a paru d'abord à *Paris* en
1691. En eft-on fûr ? J'ai lû celle
de 1692. à *Utrecht ,* où il n'eft rien
dit de cette premiere édition; & elle
me paroît trop remplie d'additions
favorifantes l'Herefie , pour avoir
été imprimée à *Paris.* A l'egard de
l'édition de cette traduction faite en
1728. elle ne contient pas , comme
on le dit , les notes des éditions de
le Clerc , & des autres qui ont pre-
cedé celles-ci ; mais feulement les
notes de l'Edition de 1692. & une
partie de celles que j'ai données
dans ma traduction imprimée en
1724.

F I N.

TABLE GENERALE

Des Matieres qui ont été traitées par les Auteurs contenus dans les neuf Volumes précedens.

Le chiffre Romain marque le Volume, & le chiffre Arabe la page.

A.

Tome XX. Q

C.

Tome XX. R

F.

J.

Tome XX.   T

M.

N.

P.

S.

Tome XX. Y

W.

X.

Y.

Z.

Fin de la Table des Matieres.

TABLE

ALPHABETIQUE

Des Auteurs contenus dans les vingt Volumes de ces Memoires.

Le chiffre Romain marque le Volume, & le chiffre Arabe la page; & lorsqu'il est renfermé entre deux crochets, il désigne les pages de la seconde édition du Volume.

A.

[219] Ala-

C.

G.

H.

Hot-

I.

K.

L.

M.

N.

O.

P.

Pe=

Q.

R.

T.

V.

W.

Z.

Fin de la Table Alphabetique.

TABLE

NECROLOGIQUE

Des Auteurs contenus dans les neuf
Volumes precedens.

Le chiffre Romain marque le Volume, & le chiffre Arabe la page.

XIII. Siecle.

Polomes. (Martin) m. en 1279.
        XIV.   195
Scot. (Michel) m. en 1291. xv.   95

XV. Siecle.

Perſona. (Gobelin) m. après l'an 1418.
    xv.   7
Ambroiſe Camaldule. m. le 21. Oc-
    tobre 1439. XIX.   1
Biondo. (Flavio) m. le 4. Juin 1463.
    XVI. 274. & xx.   99
Palmieri. (Matthieu) m. en 1475.

XVI. Siecle.

XVII. Siecle.

Doujat. [Jean] m. le 27. Octobre 1688. XVI. 401

Voſſius. [Iſaac] m. le 21. Fevrier 1689. XIII. 127

Moyne. [Etiénne le] m. le 3. Avril 1689. XIII. 79

Sydenham. [Thomas] m. le 29. Decembre 1689. XVI. 207. & XX. 97

Borrichius. [Olaus] m. le 3. Octobre 1690. XIX. 44

Benſerade. [Iſaac de] m. le 19. Octobre 1691. XIV. 304

Foſcarini. [Michel] m. le 31. Mai 1692. XII. 399

Lipenius. [Martin] m. le 6. Novembre 1692. XIX. 185

Drelincourt. [Charles] m. le 3. Fevrier 1693. XV. 179

Bulteau. [Louis]. m. le 21. Avril 1693. XI. 212. & XX. 30

Launay. [François de] m. le 9. Juillet 1693. XV. 55

Bois. [Philippe Goibaud du] m. le 1. Juillet 1694. XVI. 165. & XX. 97

Barbier d'Aucour [Jean] m. le 13. Septembre 1694. XIII. 316. & XX. 64

Amontons. [Guillaume] m. le II.
Octobre 1705. XIII. 347. & xx.
67

Coufin. [Louis]. m. le 26. Fevrier
1707. XVIII. 185. & xx.   139

Broekhuizen. [Jean] m. le 15. Decembre 1707. XVIII.   103

Vert. [Claude de] m. le 1. Mai 1708.
XI.   316

Piles. [Roger de] m. le 5. Avril
1709. XII.   245

Ruinart. [Thierry] m. le 24. Septembre 1709. II. 314. (a)

Poupart. [François] m. en Octobre
1709. XI.   269

Sbaraglia. [Jean-Jerôme] m. le 8.
Juin 1710. XIV.   224

Carré. [Louis] m. le 11. Avril 1711.
XIV.   347

Zalusky. [André-Chryfoſtome] m.
le 1. Mai 1711. XIII.   249

Cheron. [Elizabeth-Sophie] m. le 3.
Septembre 1711. XIV.   168

(a) Je ne mets ici cet Auteur, que pour
réformer une faute d'impreſſion, qui s'eſt
gliſſée dans ſon article ; on l'on à mis qu'il
étoit mort en 1707. faute qui n'a pas été
corrigée dans la Table Necrologique des
Auteurs des dix premiers volumes.

Fin de la Table necrologique.

APPROBATION.

J'AY lû par ordre de Monseigneur le Garde des Sceaux le vingtiéme Volume de ces Memoires, & j'ai crû qu'on en pouvoit permettre l'impression. A Paris ce 12. Août 1732.

HARDION.

PRIVILEGE DU ROI.

LOUIS, par la grace de Dieu, Roy de France & de Navarre: A nos amez & feaux Conseillers, les Gens tenans nos Cours de Parlement, Maîtres des Requêtes ordinaires de notre Hôtel, Grand Conseil, Prevôt de Paris, Baillifs, Senechaux, leurs Lieutenans Civils, & autres nos Justiciers qu'il appartiendra, SALUT: Notre bien amé ANTOINE-CLAUDE BRIASSON, Libraire à Paris, nous ayant fait remontrer qu'il lui auroit été mis en main un Manuscrit, qui a pour titre: *Memoires pour servir à l'Histoire des Hommes Illustres dans la République des Lettres, avec un Catalogue raisonné de leurs Ouvrages*, qu'il souhaiteroit faire imprimer & donner au Public, s'il nous plaisoit lui accorder nos Lettres de Privilege sur ce necessaires, offrant pour cet effet de le faire imprimer en bon papier & en beaux caracteres, suivant la feüille imprimée & attachée pour modele sous le contre-scel des presentes ; A CES CAUSES, voulant traiter favorablement ledit Exposant, Nous lui avons permis & permettons par ces Presentes, de faire imprimer lesdits Memoires & Catalogue ci-dessus specifiés, en un ou plusieurs volumes, conjointement, ou séparément, & autant de fois que bon lui semblera, sur papier & caracteres conformes à ladite feuille imprimée & attachée pour modele sous notredit contre-scel, & de le vendre, faire vendre & débiter par tout notre Royaume, pendant le tems de *huit années* consecutives, à compter du jour de la date desd. Presentes. Faisons défenses à toutes sortes de personnes de quelque

qualité & condition qu'elles foient, d'en introduire d'impreffion étrangere dans aucun lieu de
notre obeïffance ; comme auffi à tous Libraires,
Imprimeurs & autres, d'imprimer, faire imprimer, vendre, faire vendre, débiter, ni contre-
faire lefdits Memoires & Catalogue ci-deffus ex-
pofés, en tout ni en partie, ni d'en faire aucuns
Extraits, fous quelque prétexte que ce foit, d'aug-
mentation, correction, changement de Titre, ou
autrement, fans la permiffion expreffe & par écrit
dud. Expofant ou de ceux qui auront droit de lui,
à peine de confifcation des Exemplaires contre-
faits, de trois mille livres d'amende contre chacun
des contrevenans, dont un tiers à Nous, un tiers
à l'Hôtel-Dieu de Paris, l'autre tiers audit Expofant, & de tous dépens, dommages & interêts.
A la charge que ces Préfentes feront enregiftrées
tout au long fur le Regiftre de la Communauté
des Libraires & Imprimeurs de Paris, & ce dans
trois mois de la datte d'icelles, que l'impreffion de
ce Livre fera faite dans notre Royaume & non ailleurs, & que l'Impetrant fe conformera en tout aux
Reglemens de la Librairie & notamment à celui
du 10. Avril 1725. & qu'avant de l'expofer en vente, le manufcrit ou imprimé qui aura fervi de
copie à l'impreffion dudit Livre fera remis dans le
même état où l'Approbation y aura été donnée,
és mains de notre très-cher & feal Chevalier
Garde des Sceaux de France le fieur Fleuriau
d'Armenonville, Commandeur de nos Ordres ;
& qu'il en fera remis un exemplaire dans nôtre
Bibliotheque publique, un dans celle de nôtre
Chateau du Louvre, & un dans celle de nôtre
très-cher & feal Chevalier Garde des Sceaux de
France le Sr Fleuriau d'Armenonville, Commandeur de nos Ordres ; le tout à peine de nullité des
Préfentes, du contenu defquelles vous mandons
& enjoignons de faire joüir l'Expofant ou fes
ayans caufe pleinement & paifiblement, fans fouf-
frir qu'il leur foit fait aucun trouble ou empêche-
ment. Voulons que la copie des Préfentes qui
fera imprimée tout au long au commencement
ou à la fin dudit Livre foit tenue pour düëmens
fignifiée, & qu'aux copies collationnées par l'un